Continuous Crochet Motifs

실을 끊지 않는
코바늘 연속 모티브 패턴집 II

한스미디어

한스미디어

연속 모티브의 세계에 오신 것을 환영합니다!

섬세하고 사랑스러운 모티브, 넓게 펼쳐 뜬 화려한 모티브, 알록달록 다양한 색깔의 모티브.

코바늘뜨기를 사랑하는 사람이라면 누구나 동경하는 모티브 연결 작품이지요.

가방, 숄, 블랭킷, 옷 등 작품이 커질수록 힘든 점이 바로 실 정리가 아닌가요?

그런 모티브 연결의 영원한 테마인 '실 정리'를 해결해주는 것이 바로 연속 모티브입니다!

한붓그리기처럼 미완성의 모티브를 연속해서 뜨다가 단숨에 완성하는 놀라운 기법이랍니다.

원형·삼각형·사각형·다각형 등 다양한 모양의 연속 모티브에 도전해보세요.

색다른 모티브 뜨기의 세계가 펼쳐질 거예요.

no. 1~66의 뜨개바탕 사이즈는 중세 털실, 3/0호 코바늘로 떴을 때의 모티브 1장 크기입니다.

Contents

헥사곤 모티브 가방

no.60을 사용.
한길 긴 뒤걸어뜨기의 모티브는 겹겹이 겹친
육각형의 릴리프 무늬가 경쾌합니다. 귀엽고 자
그마한 가방에 극태 스레드 코드의 손잡이와
태슬을 달았더니, 수공예 느낌이 물씬 풍기는
가방으로 완성되었습니다.

사용 실: 하마나카 아프리코
뜨는 법: 98쪽

크로스 숄더백

no.12를 사용.
심플한 스퀘어 모티브를 연결해서 만든, 옆면
과 바닥이 있는 숄더백입니다. A4 사이즈도 충
분히 들어가므로 데일리 백으로 사용하기 좋은
크기랍니다. 손잡이는 원하는 길이로 조정해서
떠주세요.

디자인: 가제코보
사용 실: 하마나카 아마실 '리넨' 30
뜨는 법: 100쪽

실크 숄

no.53을 사용.
한 코 한 코 공들여 뜨고 싶은, 실크의 소재감
이 고급스러운 숄입니다. 특별한 날의 포멀한
스타일에는 물론이고 티셔츠나 데님 등 일상복
과도 코디해 즐겨보세요.

사용 실: 데오리야 오리지널 M 실크
뜨는 법: 102쪽

사다리꼴 숄

no.46을 사용.
기분과 안색을 밝혀주는 산뜻한 컬러를 골랐습
니다. 앞쪽에서 묶기 편하도록 모티브를 사다리
꼴로 연결합니다. 적당한 투명감과 볼륨으로 사
계절 쓸 수 있는 유용한 아이템이랍니다.

사용 실: 퍼피 퍼피 뉴 3PLY
뜨는 법: 103쪽

포근포근 모헤어 볼레로

no.57을 사용.
심플한 원피스에 가볍게 걸치고 싶은 포근한 연하늘색 볼레로입니다. 기호 도안을 꼼꼼히 확인하면서 이어 나가야 해요. 가장자리뜨기도 잇기와 꿰매기도 없는, 뜨기만 하면 완성이 되는 1장의 고마운 볼레로랍니다.

사용 실: 퍼피 키드 모헤어 파인
뜨는 법: 107쪽

나팔꽃과 해바라기 풀오버

no.25를 사용.
입는 사람의 기분을 즐겁고 활기차게 해주는
꽃밭 같은 컬러 모티브의 풀오버입니다. 배색
모티브는 마지막 단에서 한 번에 연결하기 때
문에 연속 모티브 초심자에게도 추천합니다.

디자인: 가제코보
사용 실: 하마나카 순모 중세
뜨는 법: 104쪽

Square & Triangle

사각형과 삼각형 모티브

사각형 모티브는 변과 변으로 단단히 연결할 수 있어 가방이나 옷에 사용하기 좋습니다. 삼각형 모티브는 머플러나 숄에 사용하면 끝이 지그재그로 모양이 나와 경쾌한 느낌을 줍니다. 모티브의 소재와 배색을 자신의 취향에 맞게 어레인지하면서 나만의 독창적인 작품을 만들어보세요.

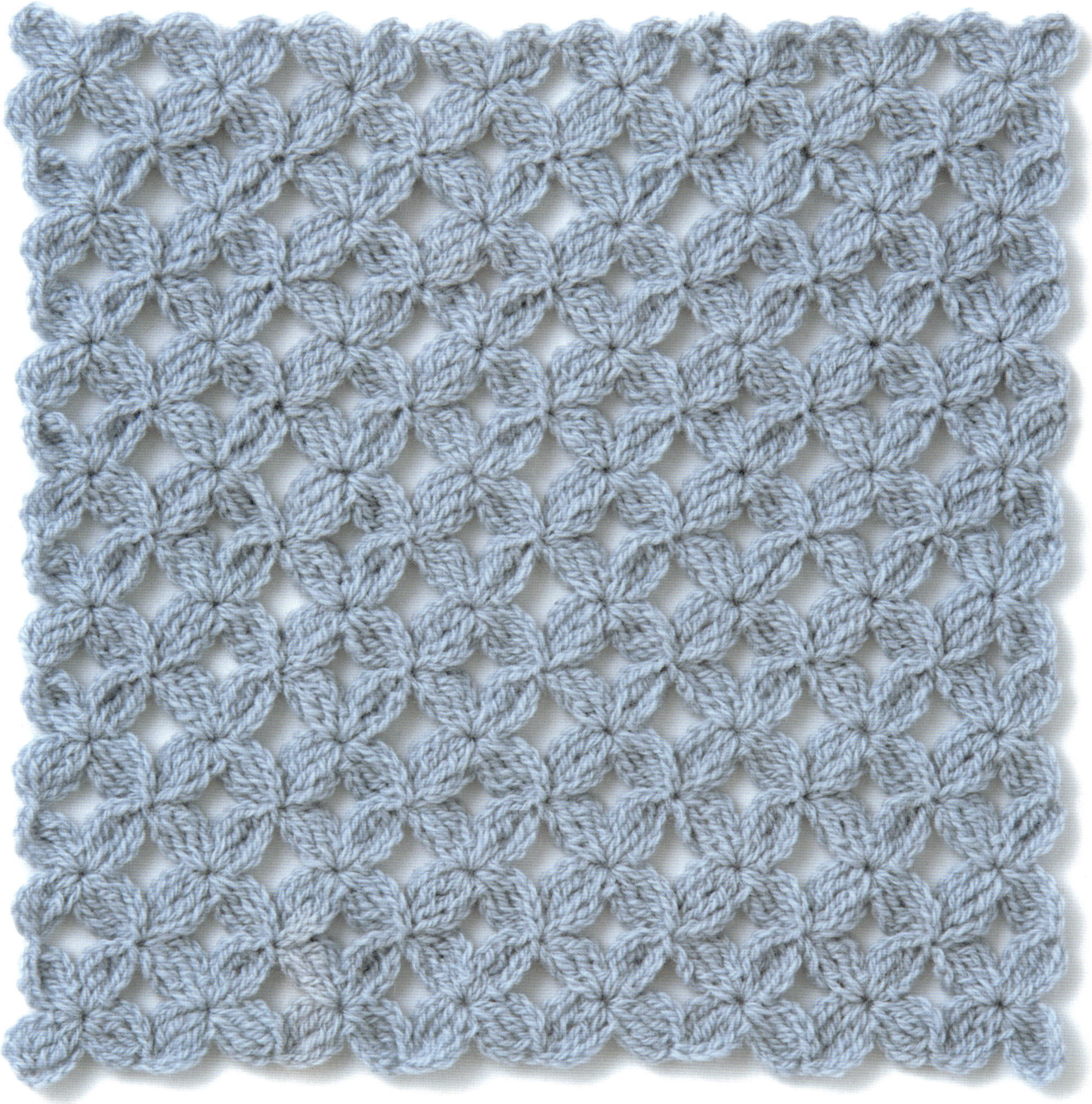

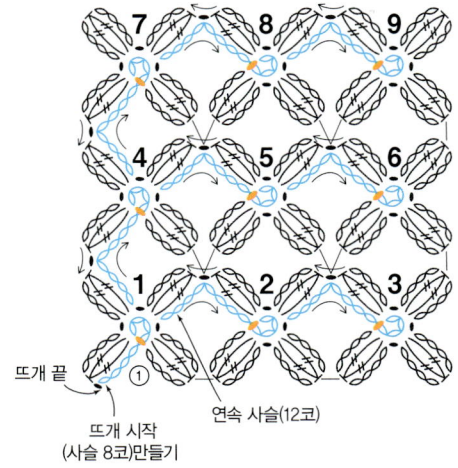

no.1

모티브 크기/한 변이 2.3㎝

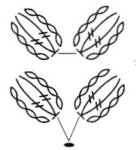

= 두길 긴 2코 구슬뜨기를 뜬 다음 바늘에서 코를 빼고, 연결할 쪽의 구슬뜨기 머리 또는 빼뜨기의 머리에 위에서부터 바늘을 넣어 빼두었던 코를 당겨서 뺀다.
뜨는 법은 97쪽

● = 뜨는 법은 91쪽

7
8
9
4
5
6
1
2
3
①
뜨개 끝
뜨개 시작
(사슬 8코)만들기
연속 사슬(12코)

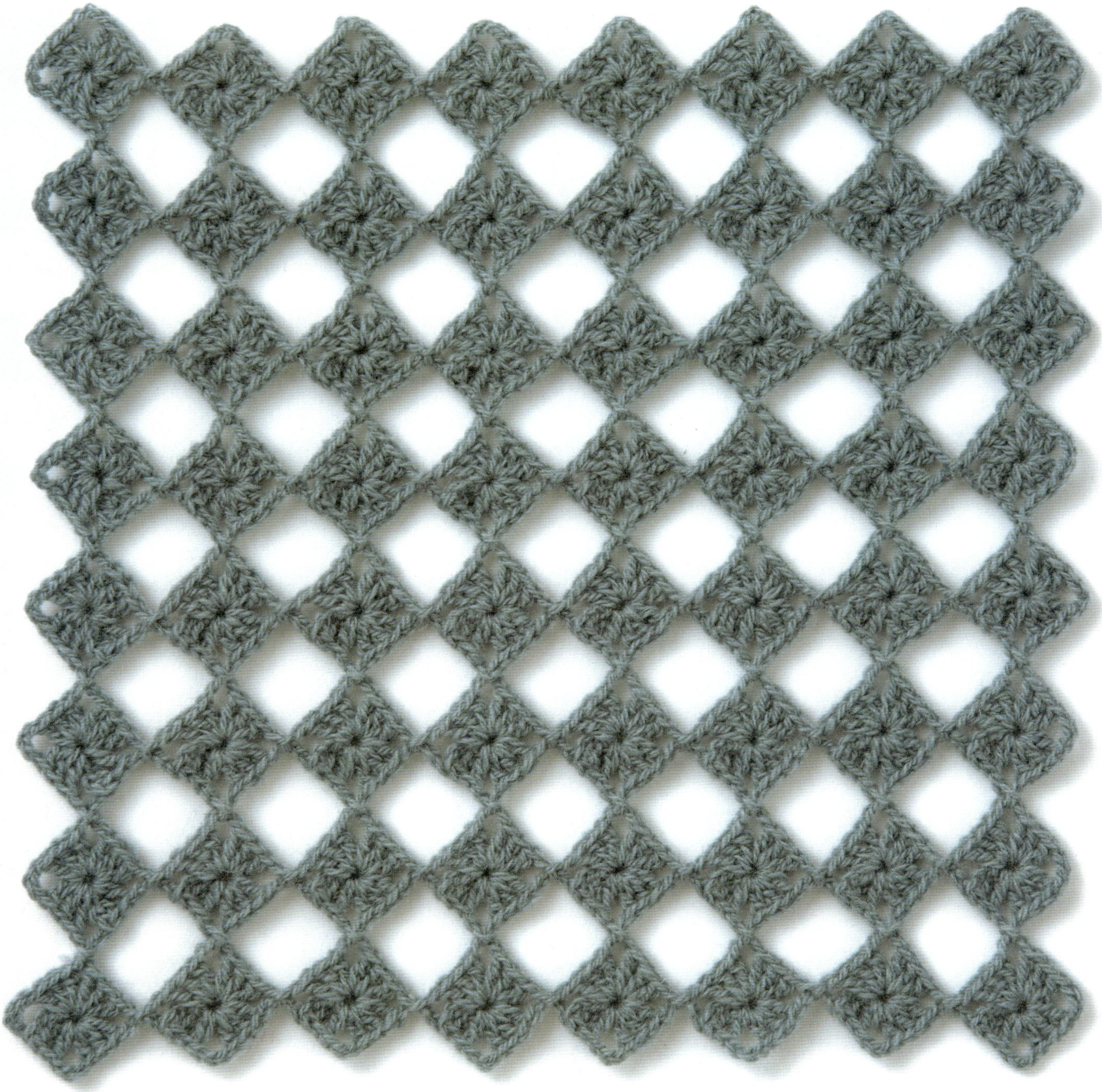

no.2

모티브 크기/한 변이 2cm

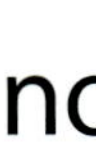

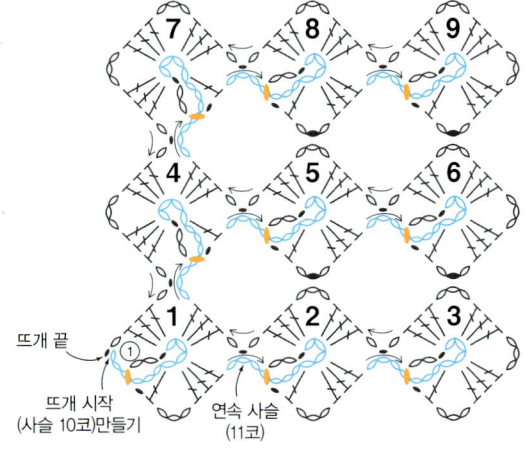

= 뜨는 법은 92쪽

뜨개 끝

① 뜨개 시작
(사슬 10코)만들기

연속 사슬
(11코)

no.3

모티브 크기/한 변이 2cm

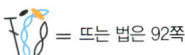 = 뜨는 법은 92쪽

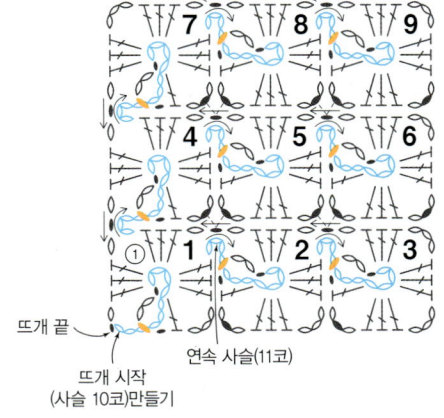

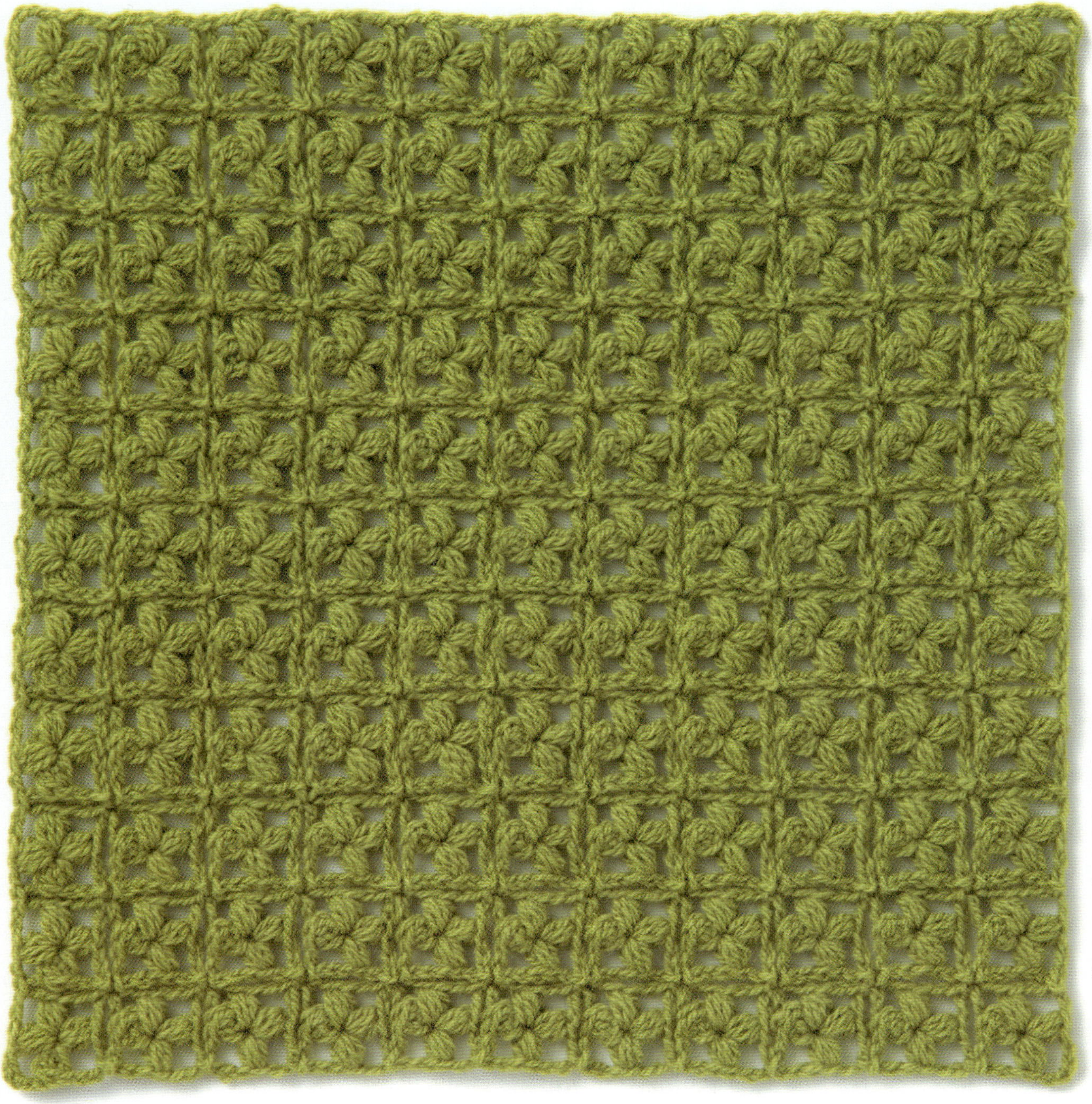

no.4

모티브 크기/한 변이 2cm

● = 뜨는 법은 96쪽

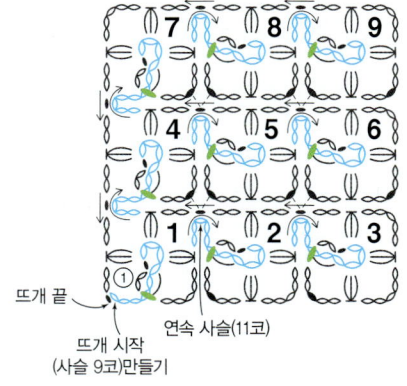

뜨개 끝

연속 사슬(11코)

뜨개 시작
(사슬 9코)만들기

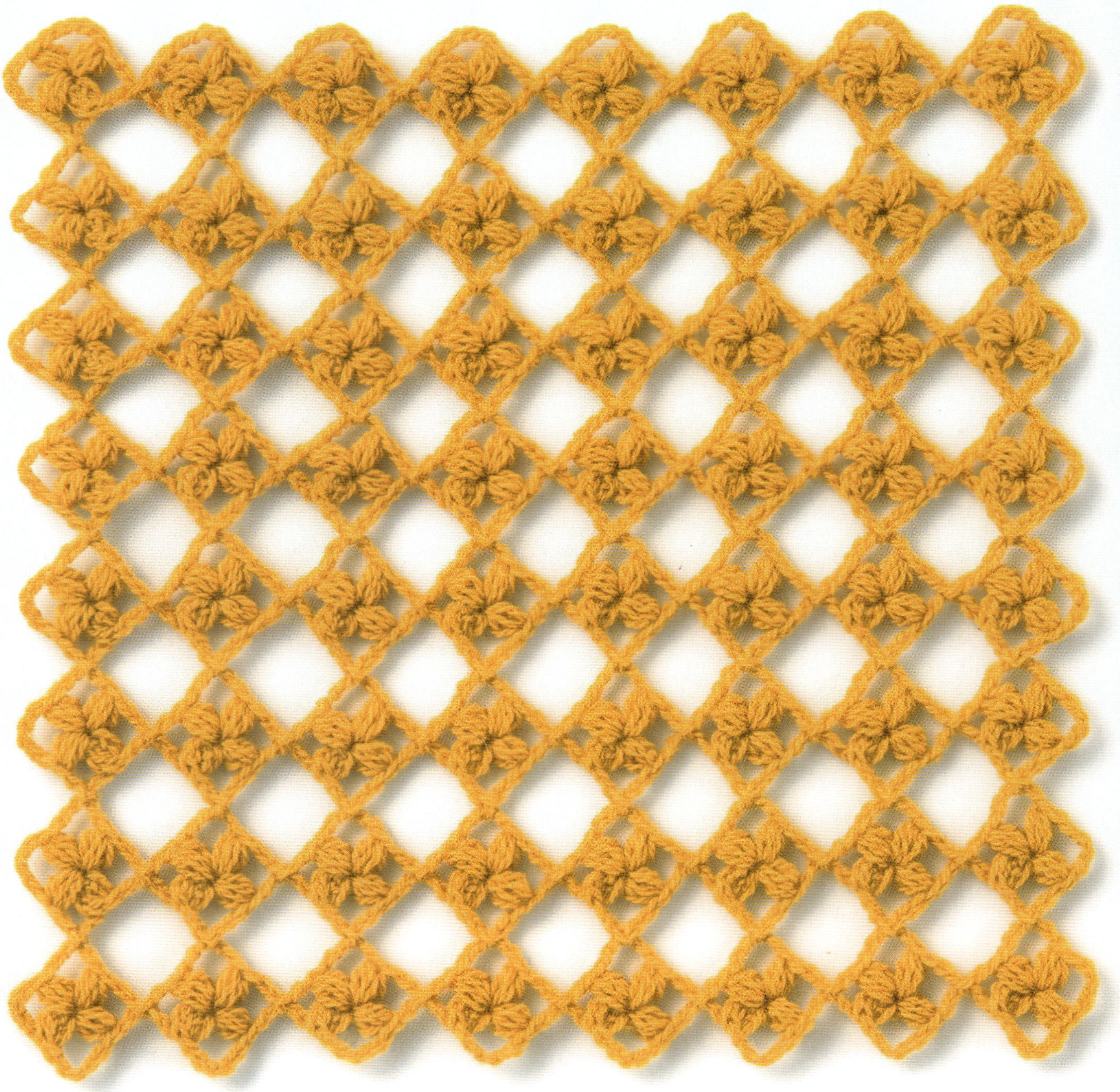

no.5

모티브 크기/한 변이 2㎝

⬬ = 뜨는 법은 96쪽

7
8
9
4
5
6
1
2
3
①
뜨개 끝
뜨개 시작
(사슬 9코)만들기
연속 사슬
(11코)

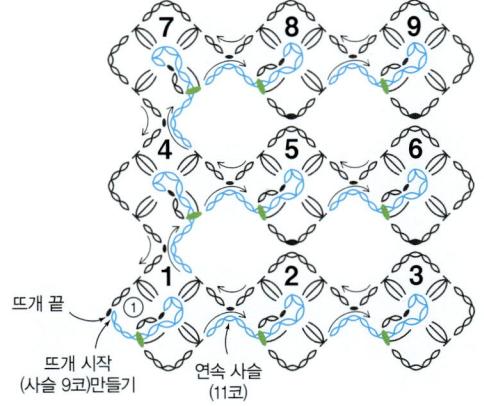

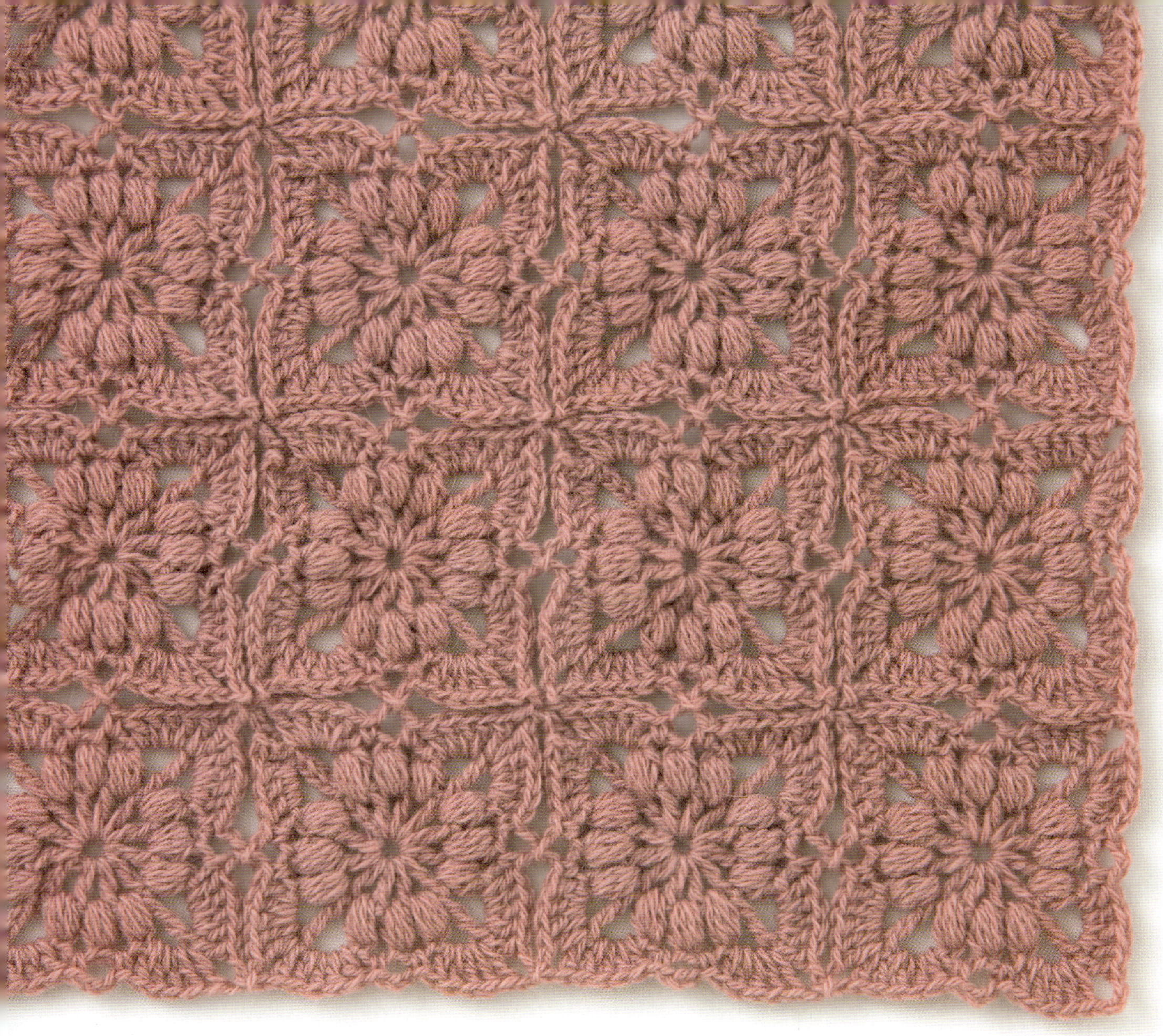

no.6

모티브 크기/한 변이 5.3cm

● = 뜨는 법은 91쪽
● = 뜨는 법은 91쪽

뜨개 끝
뜨개 시작
(사슬 17코)만들기
연속 사슬(18코)

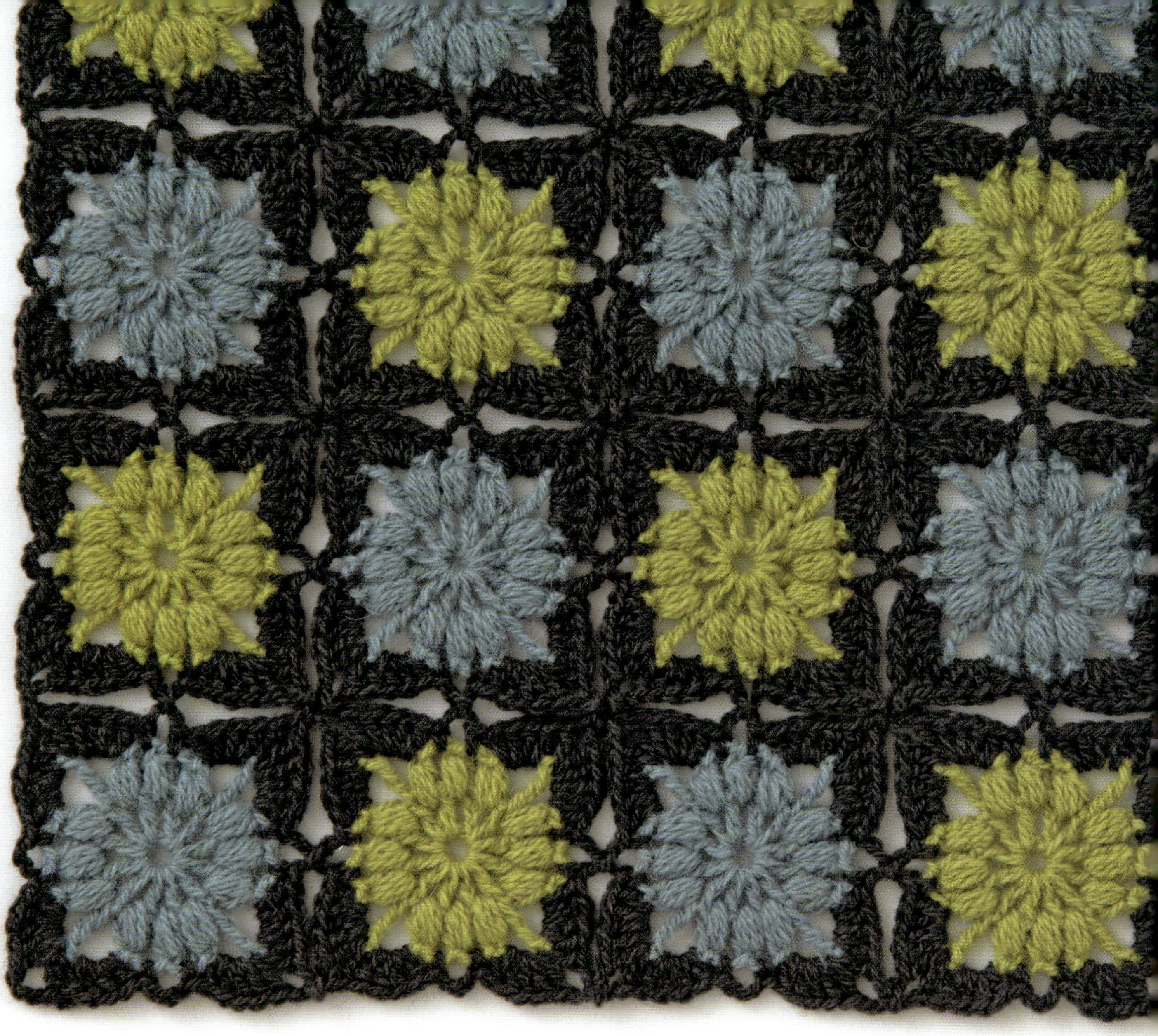

no.7

모티브 크기/한 변이 5.3㎝

7
8
9
4
5
6
1
2
3
③
②
①
배색 { —— = 배색
—— = 바탕색
► = 실을 자른다
실을 연결한다
(3번째 단)
뜨개 끝
연속 사슬(3코)

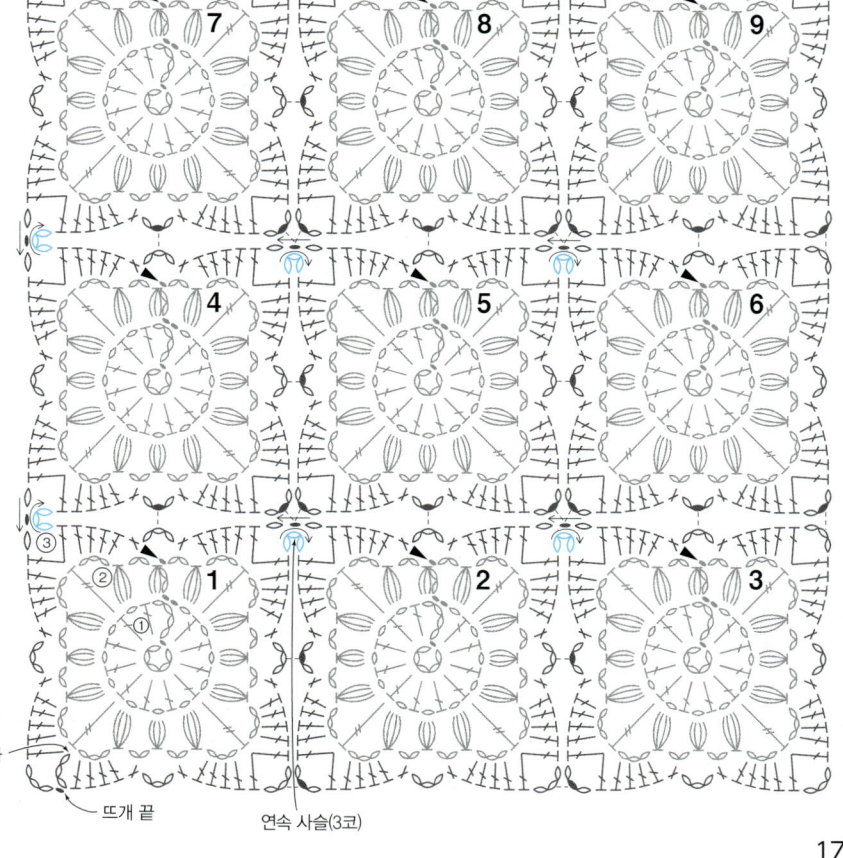

no.8

모티브 크기/한 변이 5.7㎝

= 뜨는 법은 91쪽

= 뜨는 법은 96쪽

7
8
9
4
5
6
1
2
3
뜨개 끝
뜨개 시작
(사슬 21코)만들기
연속 사슬(23코)

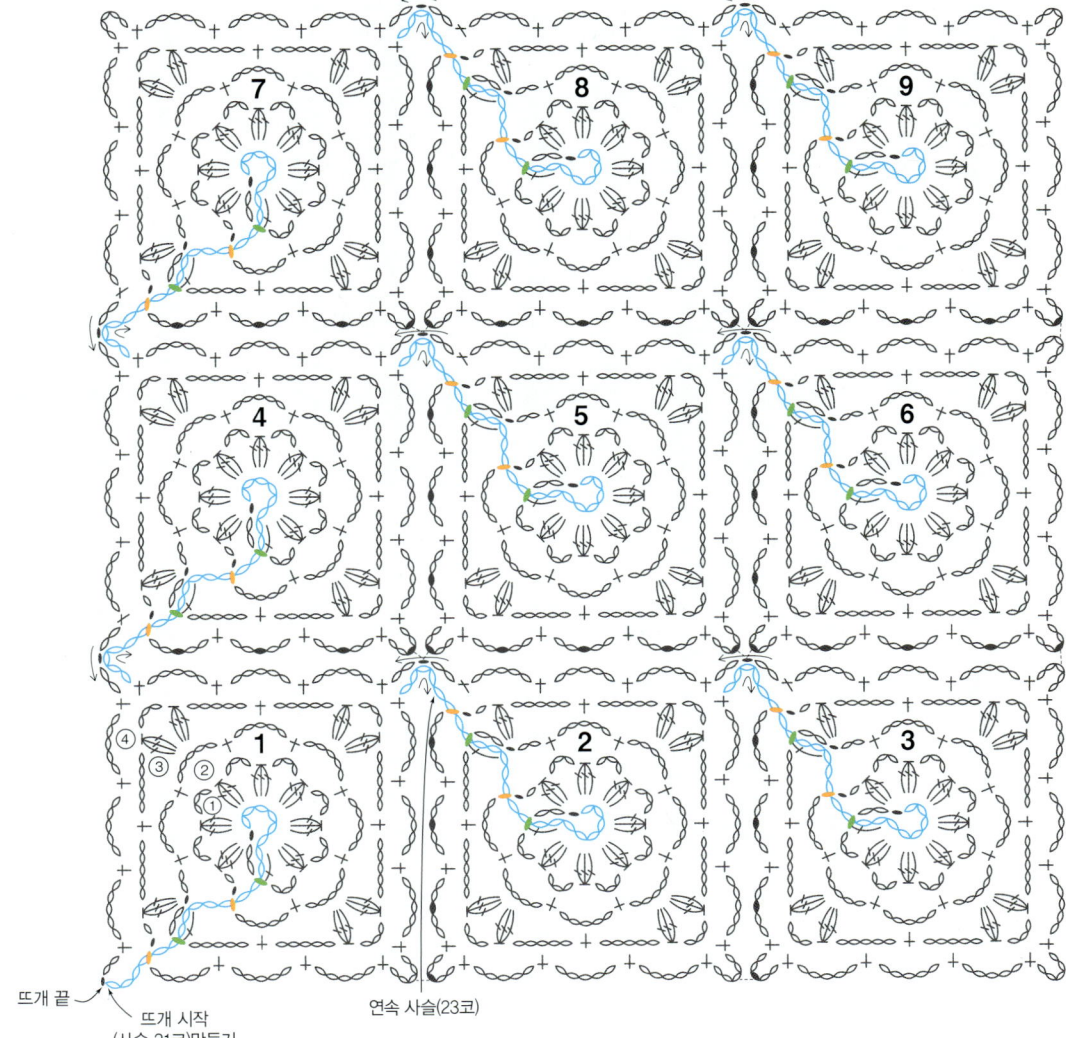

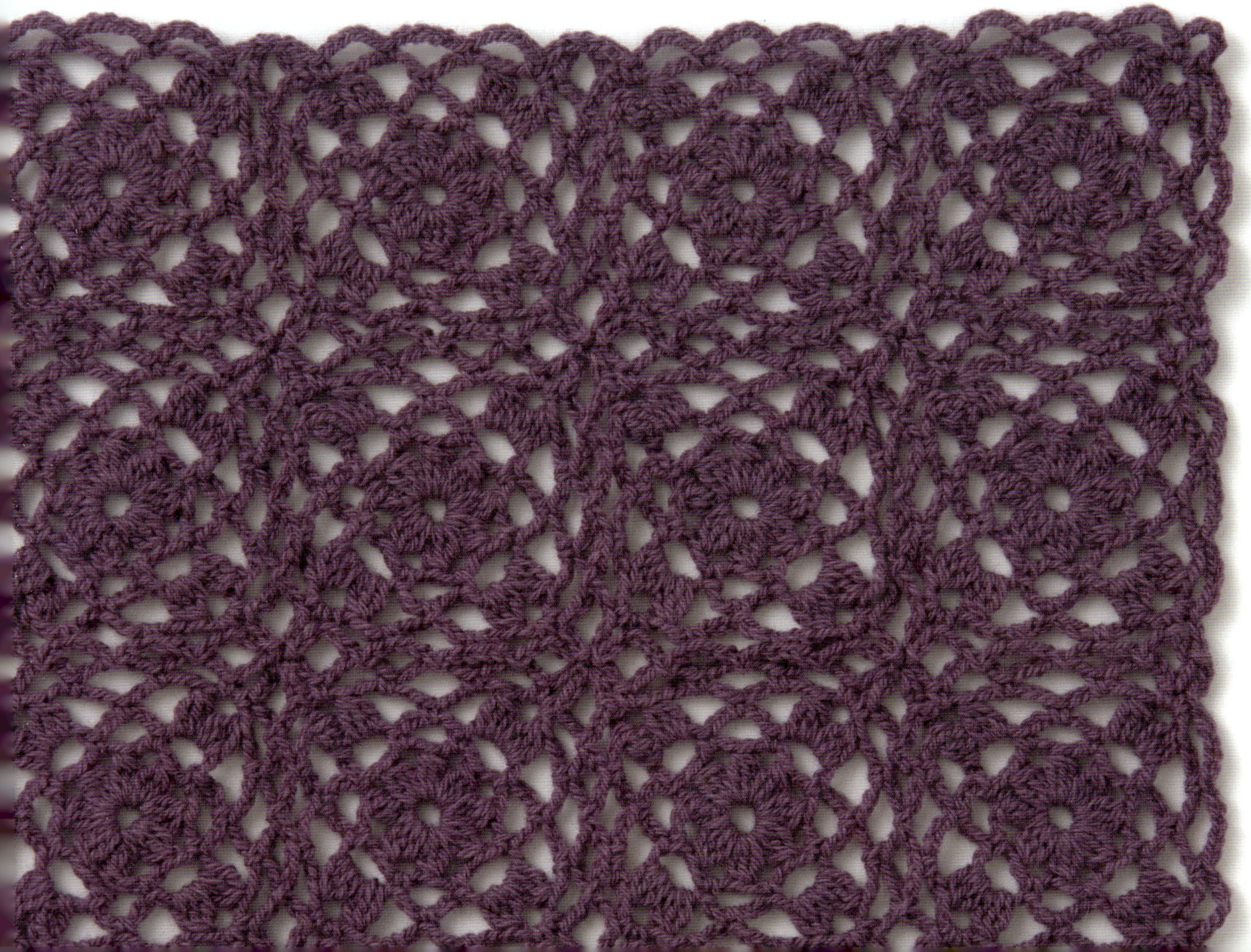

no.9

모티브 크기/한 변이 5.7㎝

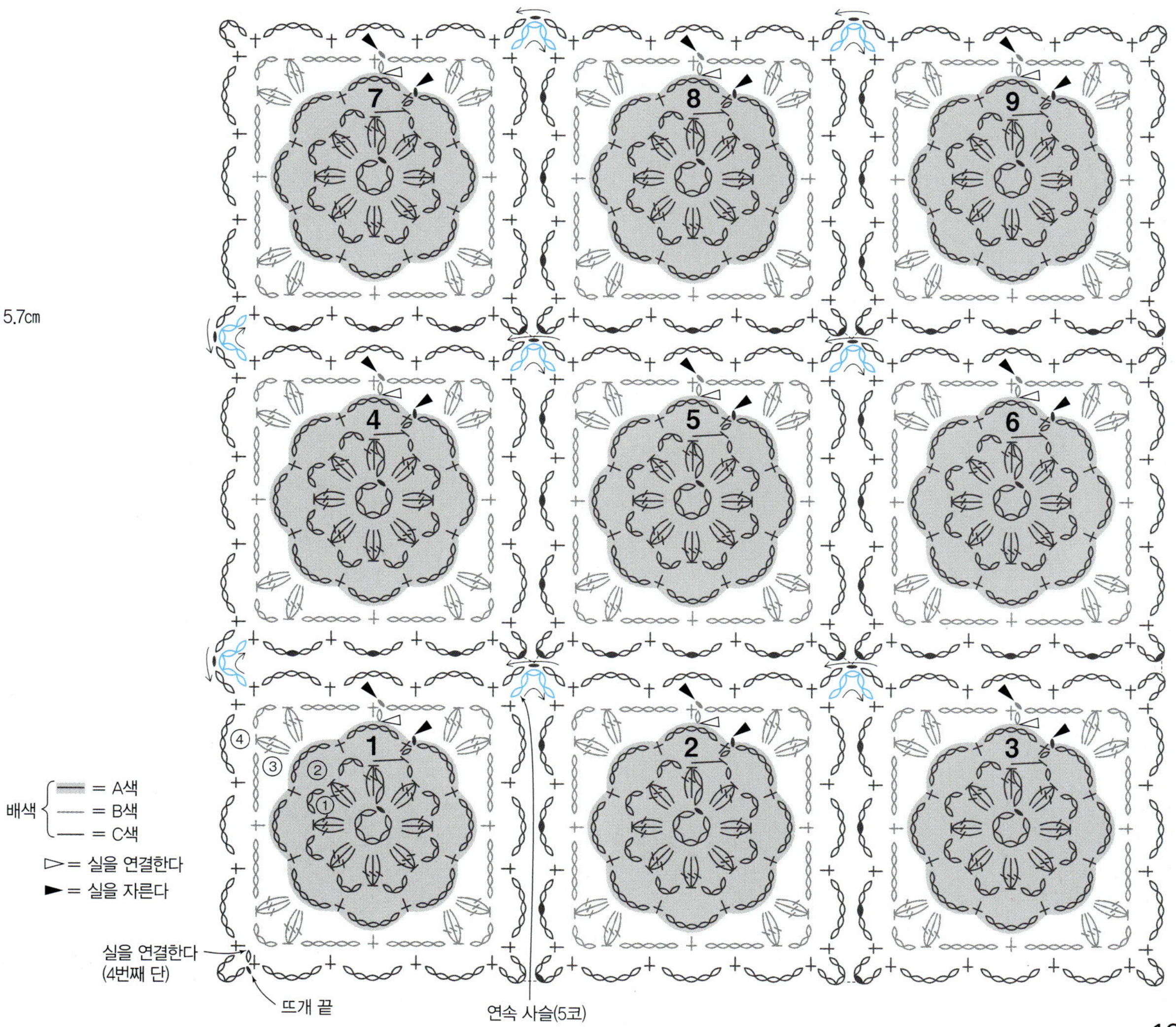

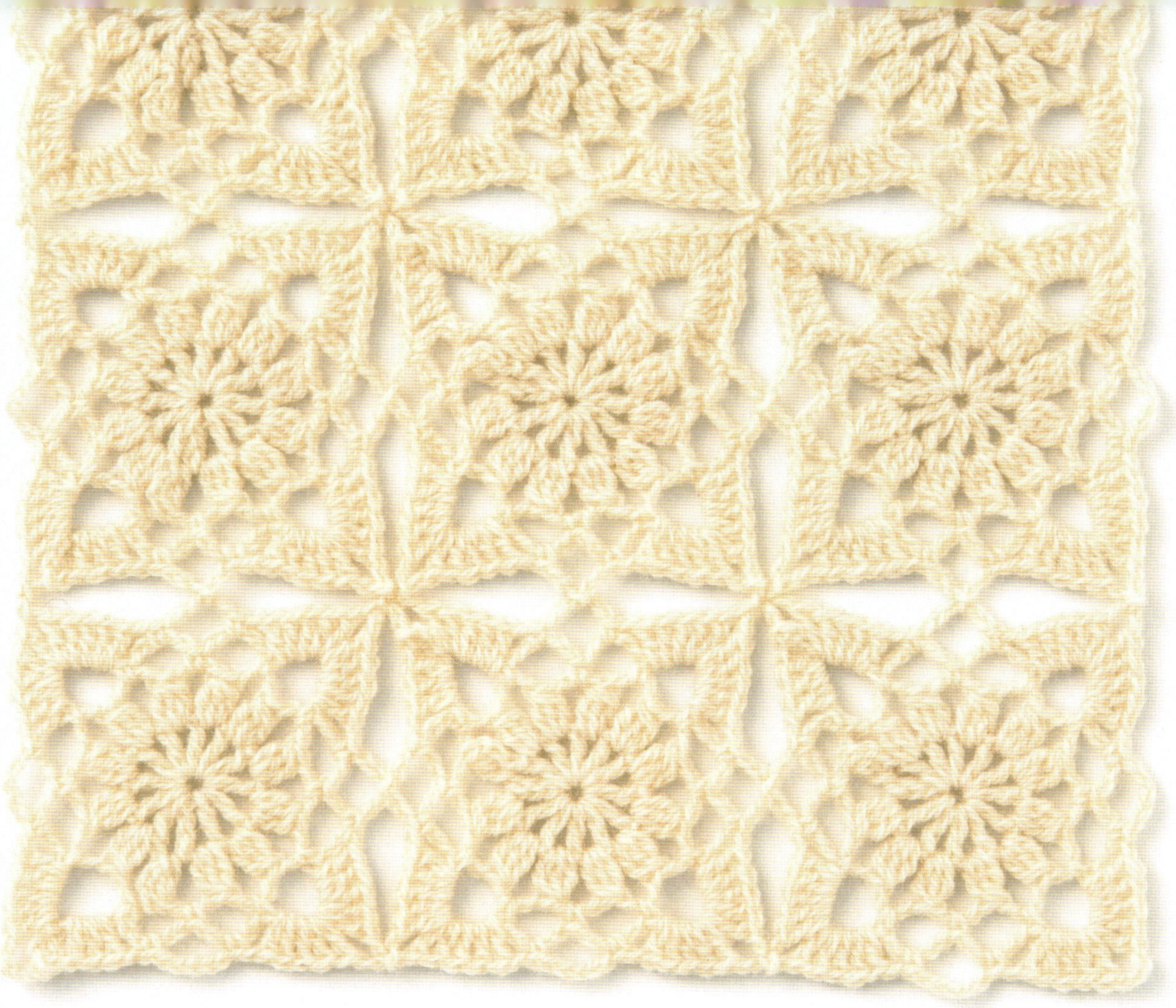

no.10

모티브 크기 / 한 변이 6.5cm

= 뜨는 법은 91쪽

= 뜨는 법은 96쪽

= 뜨는 법은 92쪽

뜨개 끝

뜨개 시작
(사슬 21코)만들기

연속 사슬(22코)

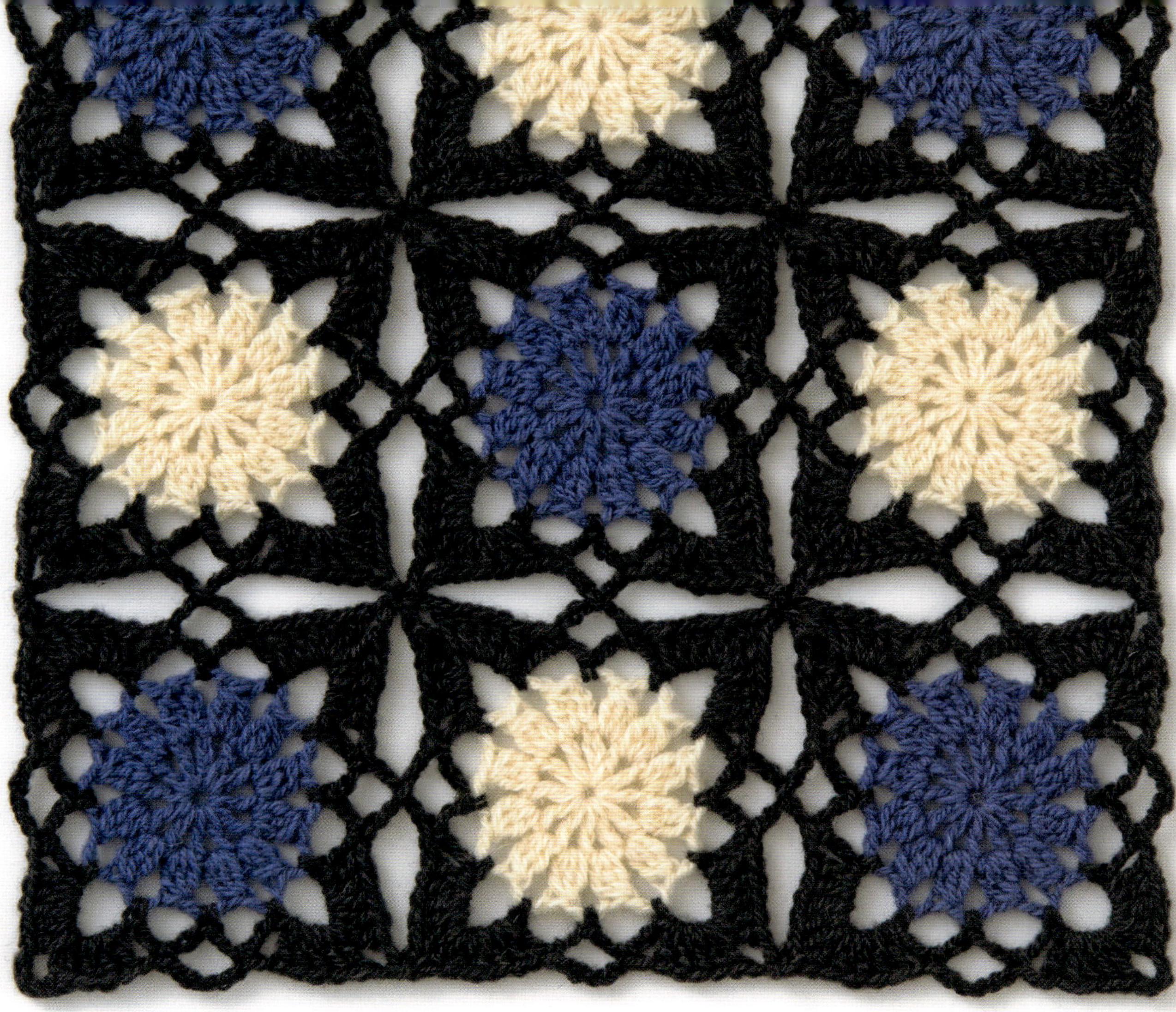

no.11

모티브 크기／한 변이 6.5㎝

 = 뜨는 법은 92쪽

배색 { ⎯⎯ = 배색
　　　 ⎯⎯ = 바탕색
　► = 실을 자른다

뜨개 끝　뜨개 시작 (3번째 단)
　　　 (사슬 8코)만들기

연속 사슬 (9코)

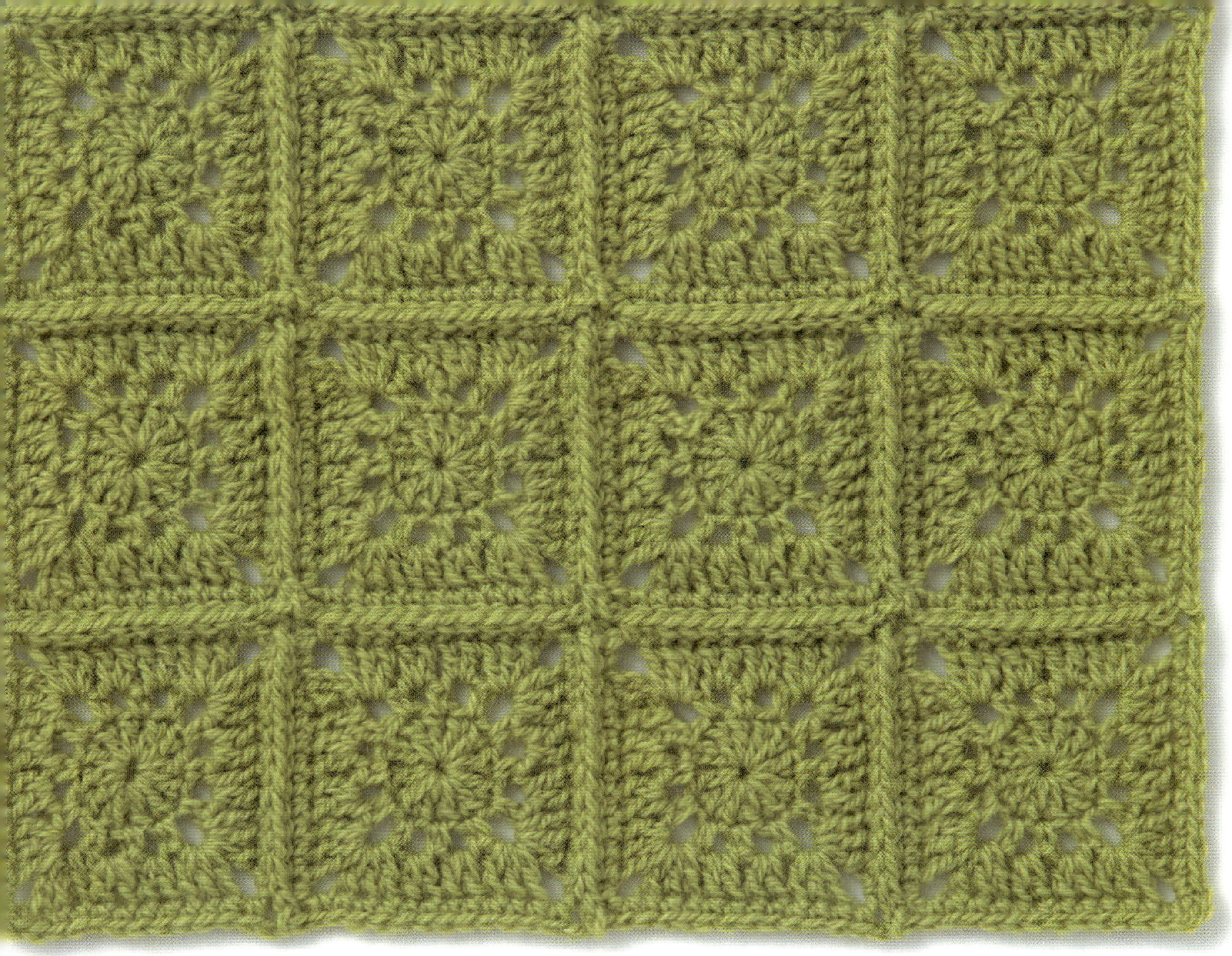

no.12

모티브 크기/한 변이 4.7cm

- ● = 뜨는 법은 91쪽
- ● = 뜨는 법은 91쪽
- ◗ = 뜨는 법은 92쪽
- +-+ = 짧은뜨기의 머리끼리 잇는다.
  뜨는 법은 93쪽

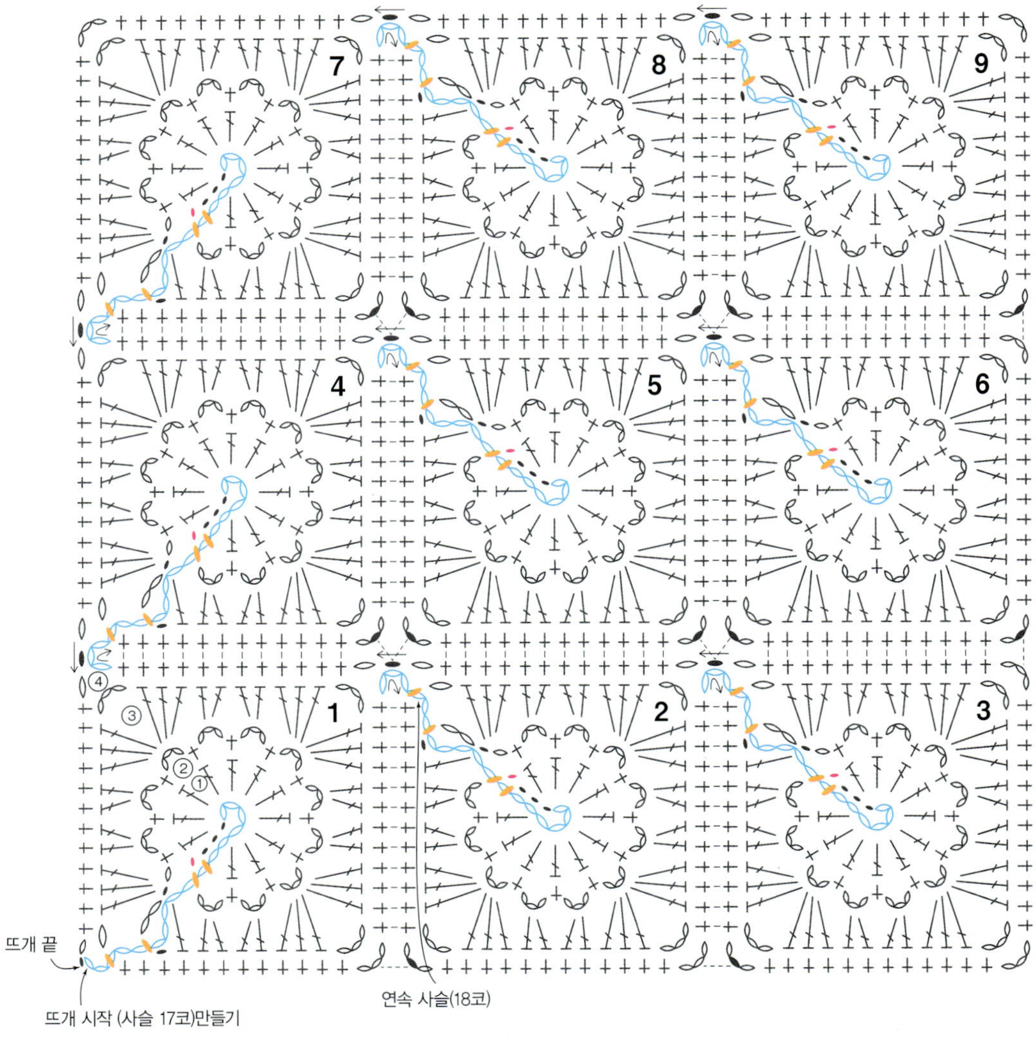

뜨개 끝

뜨개 시작 (사슬 17코)만들기

연속 사슬(18코)

no.13

모티브 크기 / 한 변이 4.7cm

● = 뜨는 법은 91쪽

+-+ = 짧은뜨기의 머리끼리 잇는다.
뜨는 법은 93쪽

배색 { = 배색
       = 바탕색
► = 실을 자른다

뜨개 끝

뜨개 시작 (3번째 단)
(사슬 4코)만들기

연속 사슬(5코)

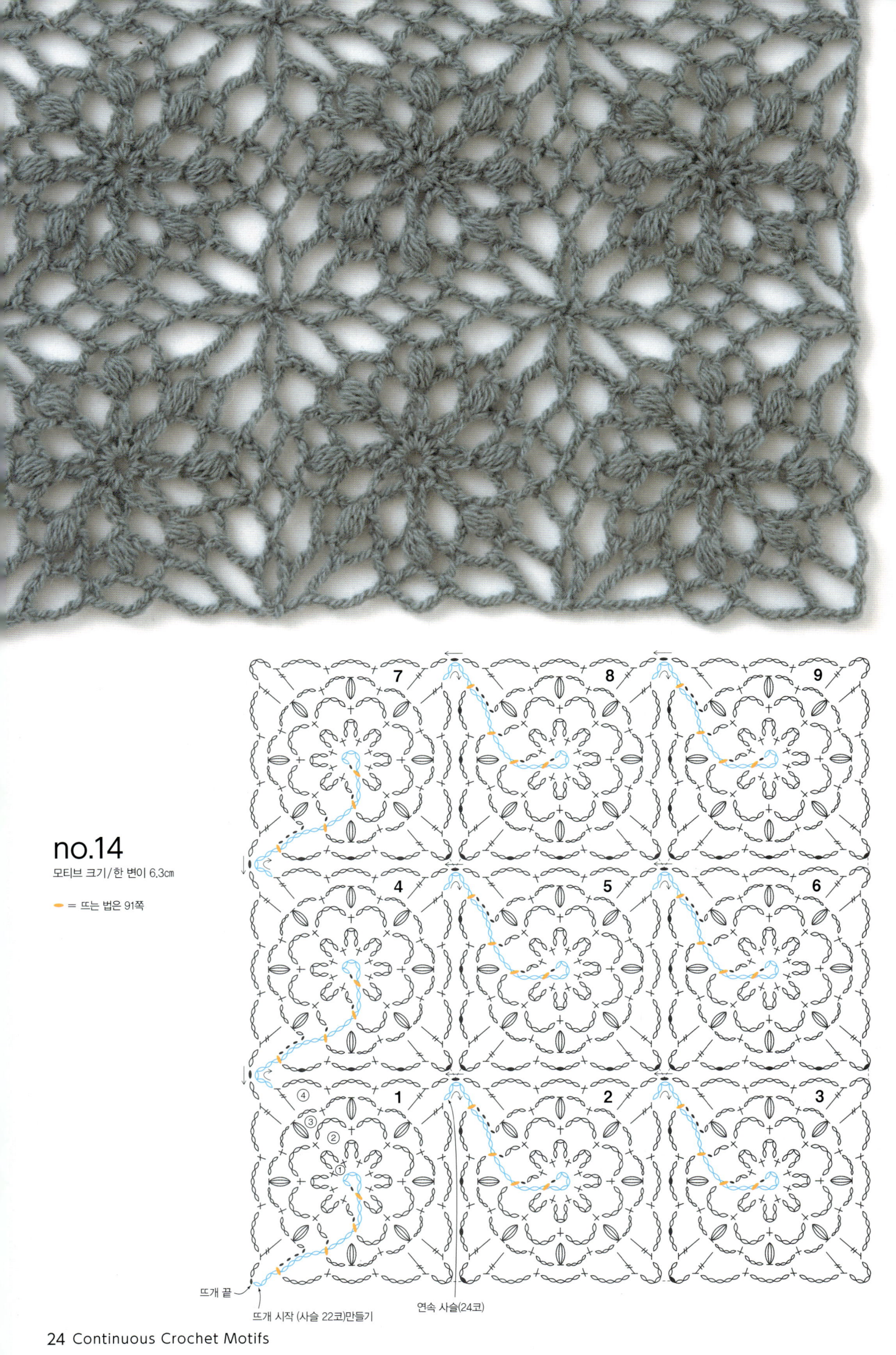

no.14

모티브 크기/한 변이 6.3cm

= 뜨는 법은 91쪽

뜨개 끝

뜨개 시작 (사슬 22코)만들기

연속 사슬(24코)

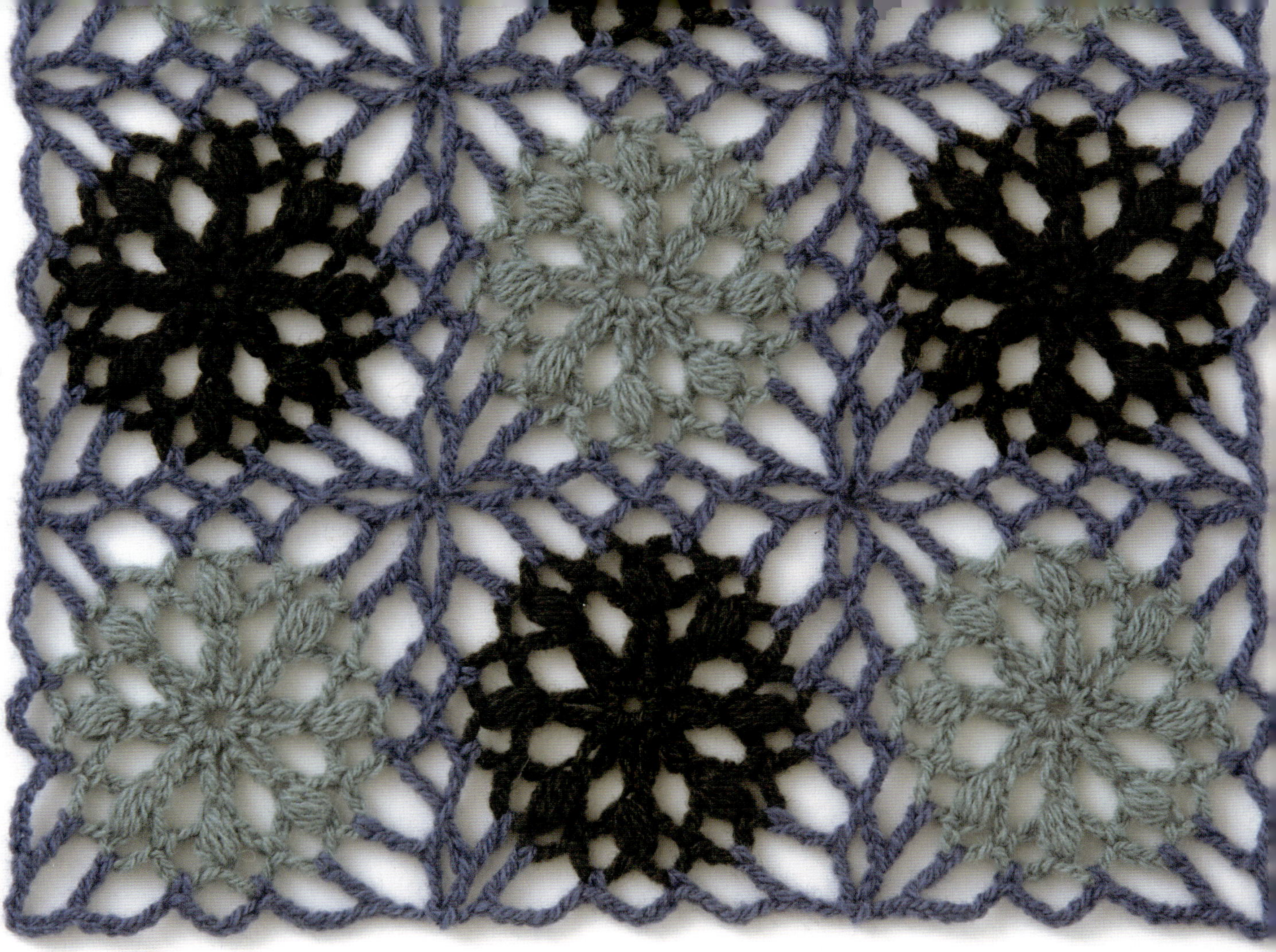

no.15

모티브 크기/한 변이 6.3㎝

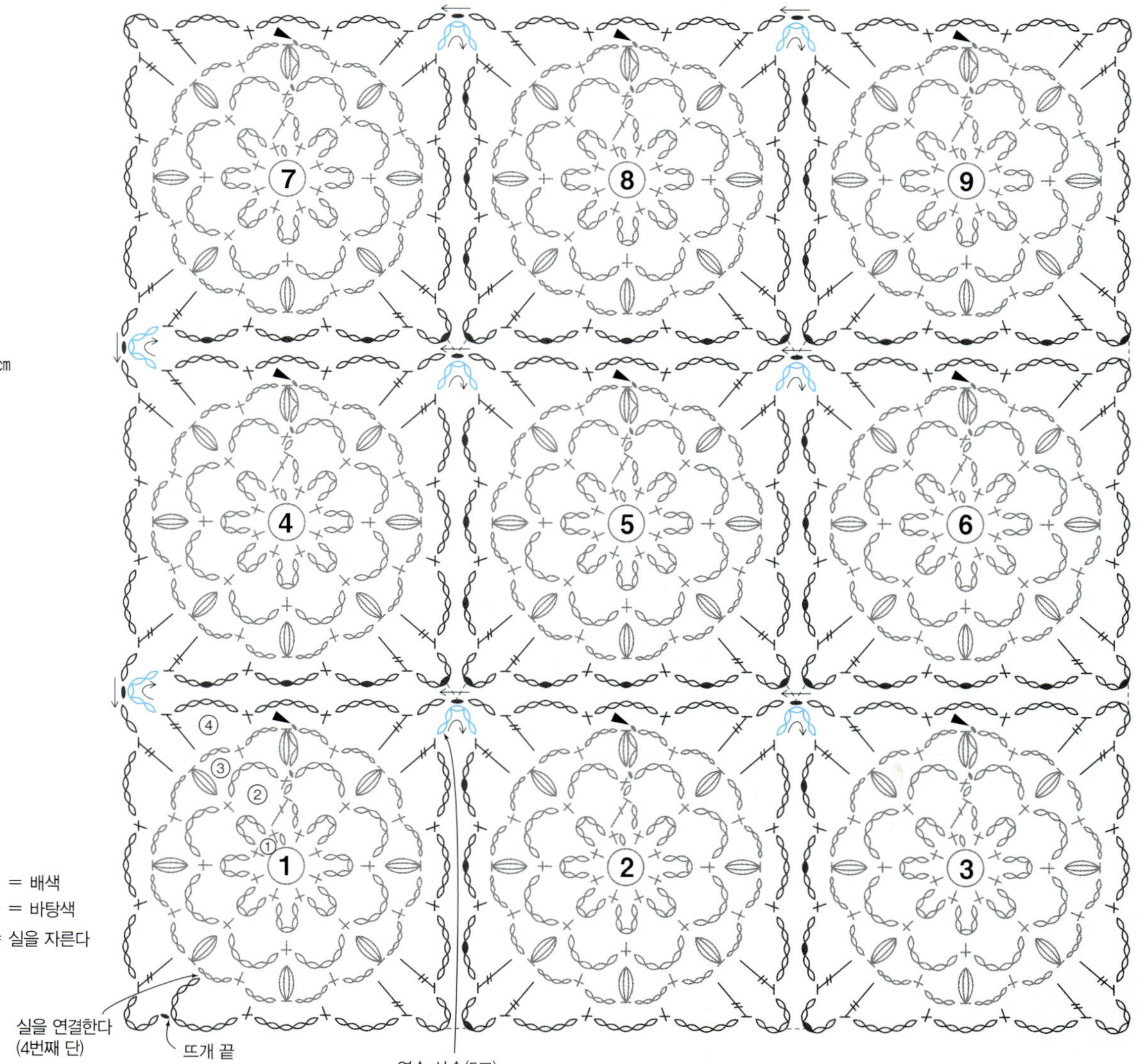

7
8
9
4
5
6
①
②
③
④
1
2
3
실을 연결한다
(4번째 단)
뜨개 끝
연속 사슬(5코)

배색 {—— = 배색, —— = 바탕색}

► = 실을 자른다

no.16

모티브 크기/한 변이 6.3cm

● = 뜨는 법은 91쪽

뜨개 끝

뜨개 시작 (사슬 25코)만들기

연속 사슬(26코)

no.17

모티브 크기/한 변이 6.3㎝

배색 {
━━ = A색
━━ = B색
──── = C색
──── = D색
}

▷ = 실을 연결한다
► = 실을 자른다

실을 연결한다
(4번째 단)

뜨개 끝

연속 사슬(3코)

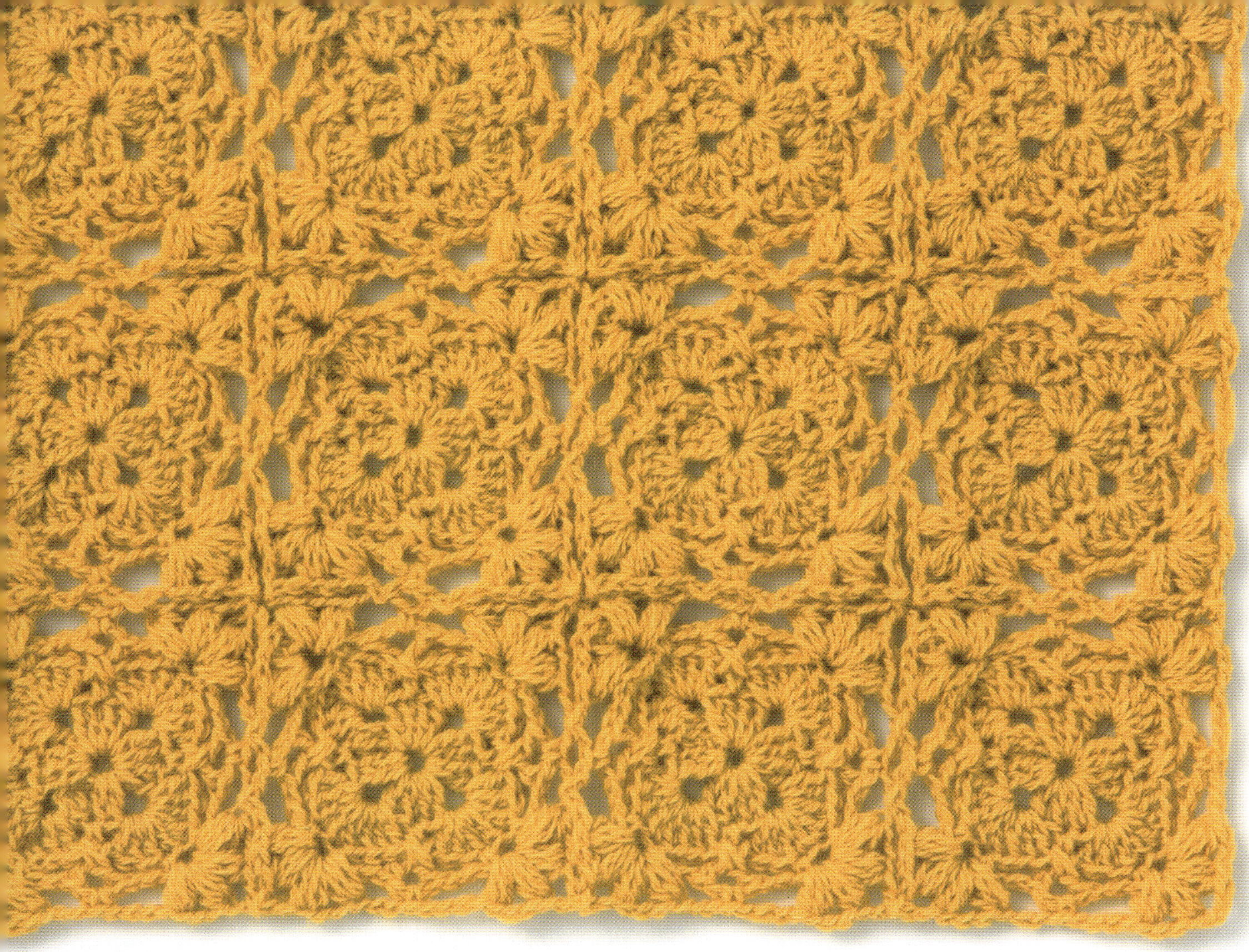

no.18

모티브 크기/한 변이 5.4㎝

- ○ = 뜨는 법은 91쪽
- ○ = 뜨는 법은 91쪽
- ○ = 뜨는 법은 96쪽
- = 뜨는 법은 92쪽

뜨개 끝

뜨개 시작 (사슬 20코)만들기   연속 사슬(21코)   ※3번째 단의 한길 긴뜨기는 전단의 코와 코 사이에 바늘을 넣어서 뜬다

no.19

모티브 크기/한 변이 5.4cm

배색 { ── = A색
　　　 ── = B색
　　　 ── = C색

▷ = 실을 연결한다
► = 실을 자른다

실을 연결한다
(4번째 단)

뜨개 끝

연속 사슬(3코)

※3번째 단의 한길 긴뜨기는 전단의 코와 코 사이에 바늘을 넣어서 뜬다

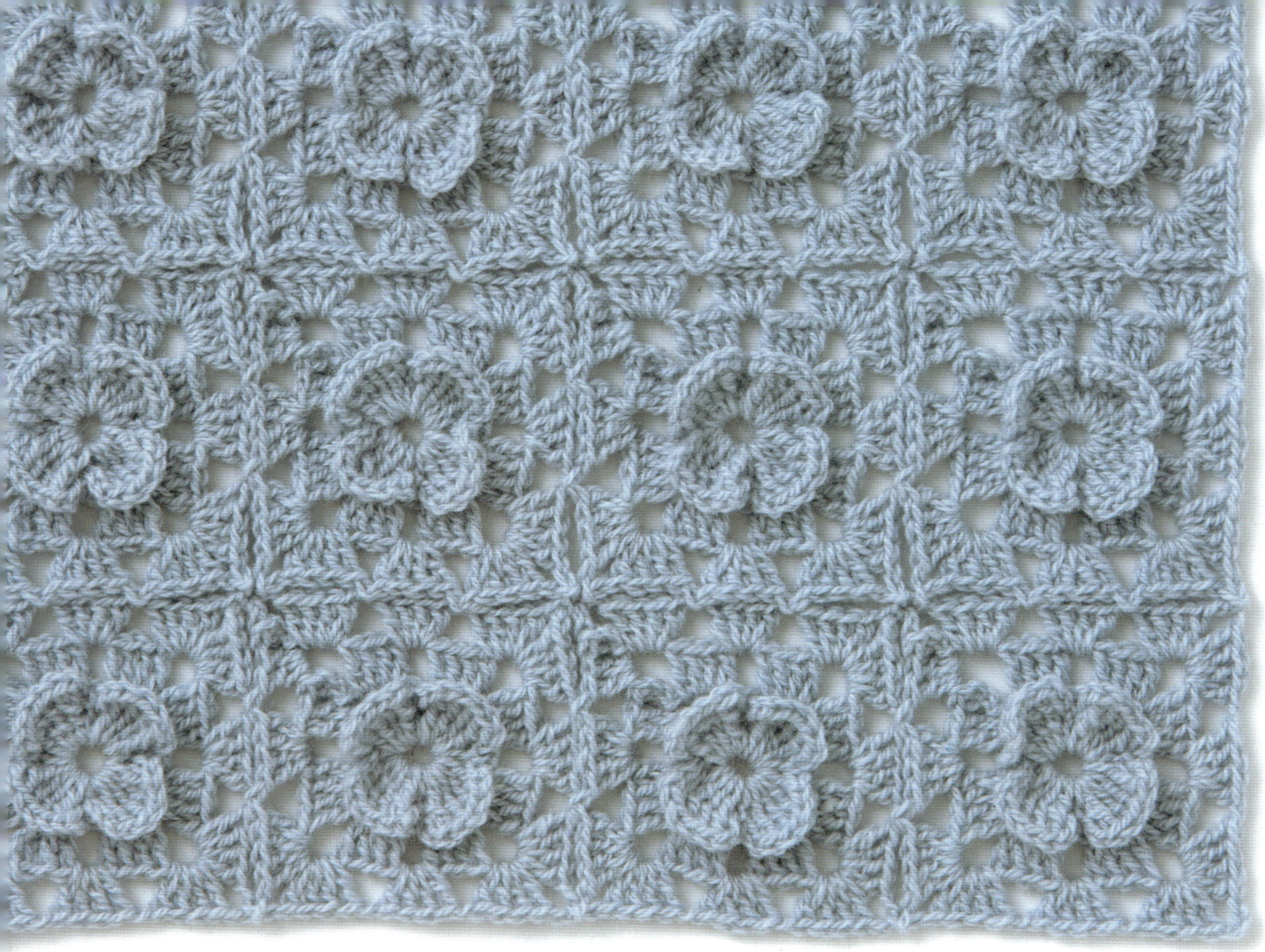

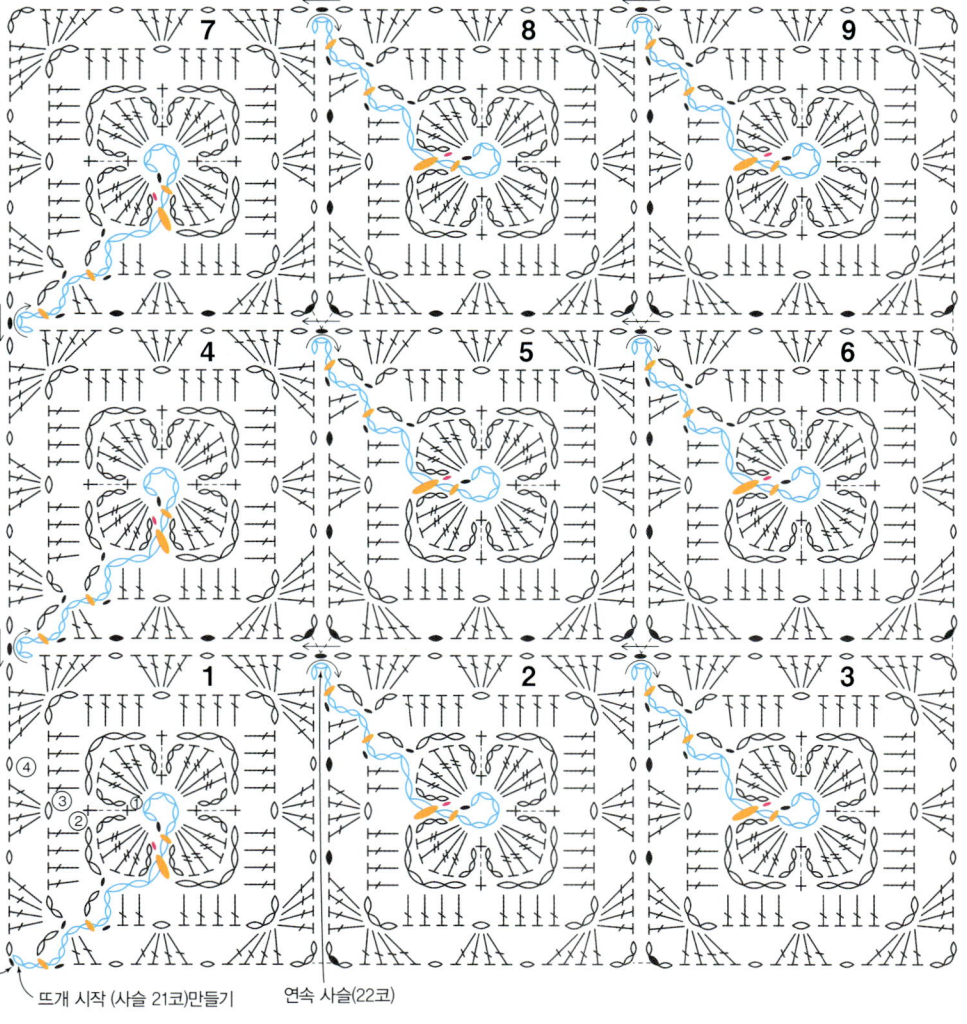

no.20

모티브 크기/한 변이 5.3㎝

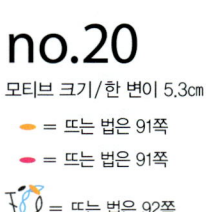

= 뜨는 법은 91쪽

= 뜨는 법은 91쪽

= 뜨는 법은 92쪽

7
8
9
4
5
6
1
2
3
④
③
②
①
뜨개 끝
뜨개 시작 (사슬 21코)만들기
연속 사슬(22코)

no.21

모티브 크기 / 한 변이 5.3cm

◯━ = 뜨는 법은 91쪽

= 뜨는 법은 92쪽

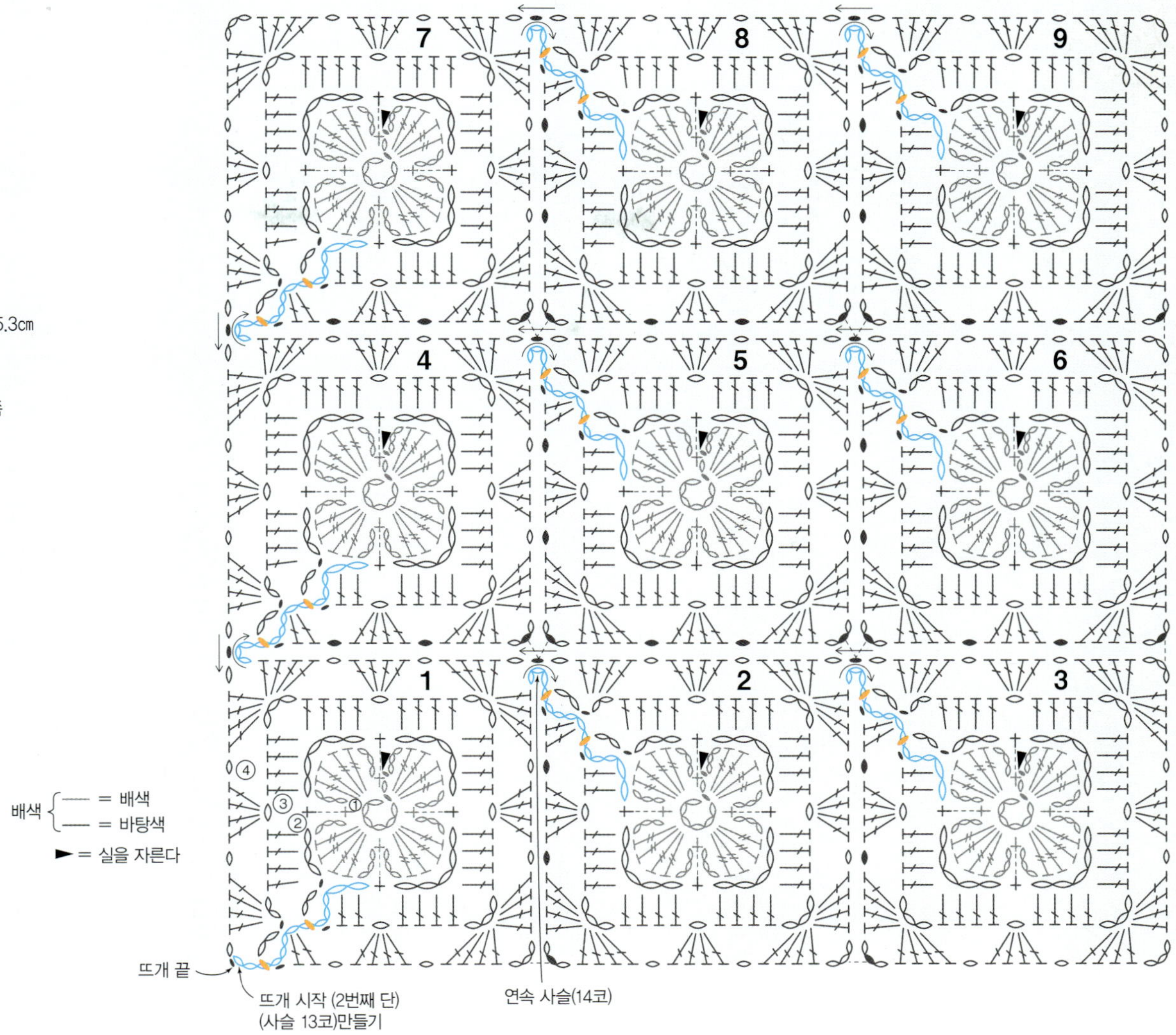

배색 { ─ = 배색
       ─ = 바탕색

► = 실을 자른다

뜨개 끝

뜨개 시작 (2번째 단)
(사슬 13코)만들기

연속 사슬(14코)

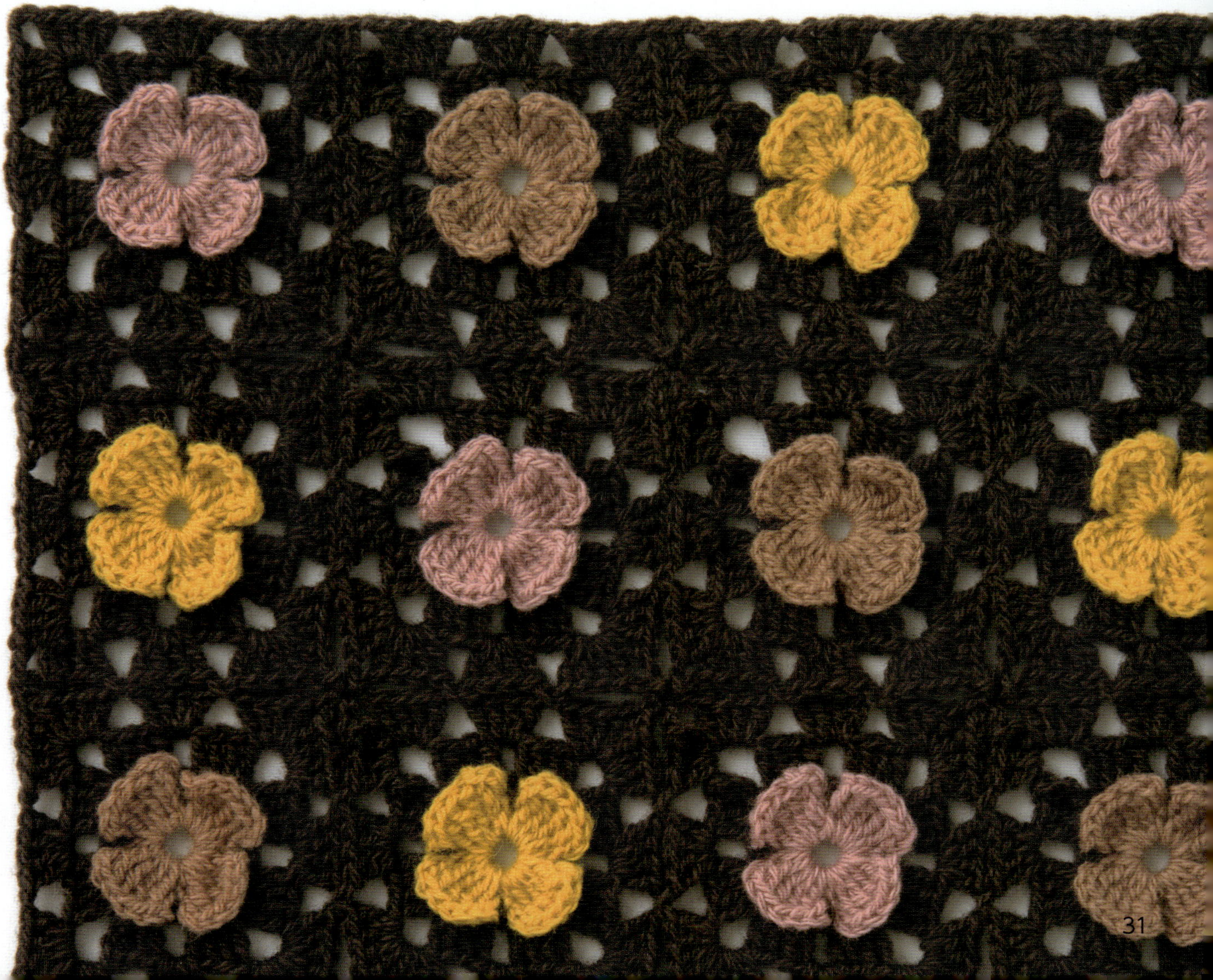

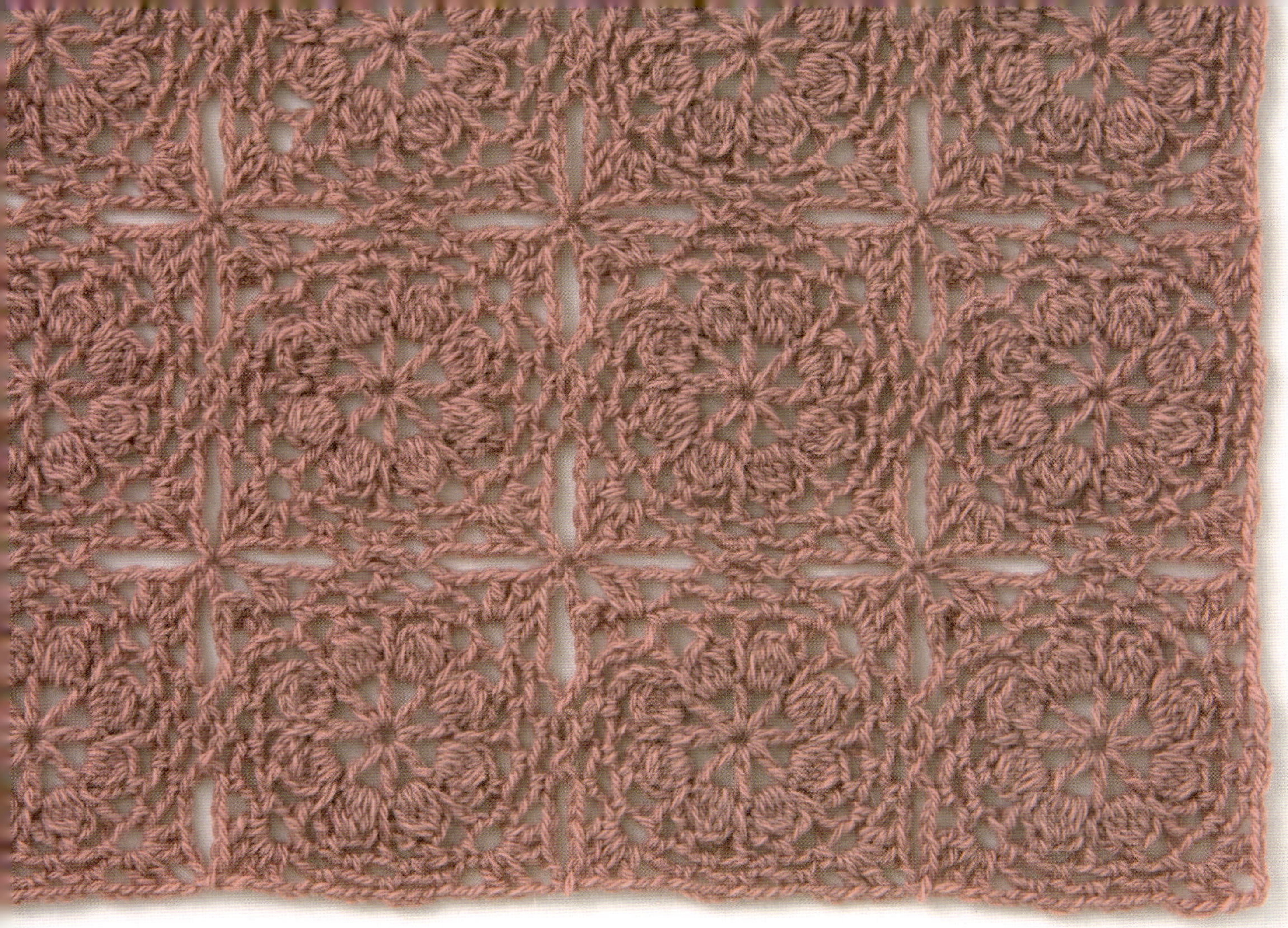

no.22

모티브 크기 / 한 변이 5.7cm

- ━ = 뜨는 법은 91쪽
- ━ = 뜨는 법은 96쪽
- 🔵 = 뜨는 법은 92쪽

┊ = 전단의 사슬을 감싸면서 전
전단에 한길 긴뜨기를 뜬다

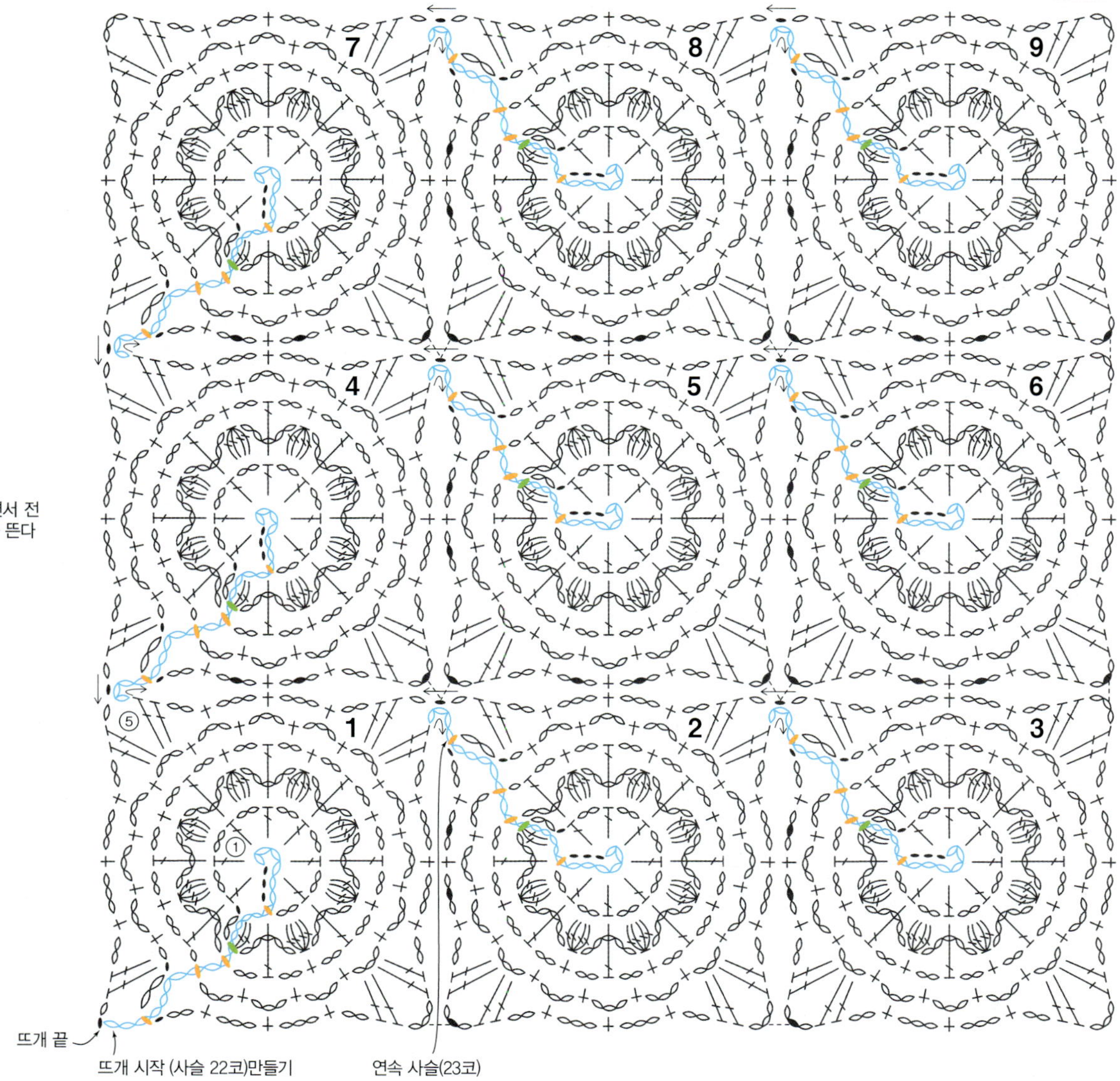

뜨개 끝
뜨개 시작 (사슬 22코)만들기
연속 사슬(23코)

no.23

모티브 크기/한 변이 5.7㎝

⬤— = 뜨는 법은 91쪽

= 뜨는 법은 92쪽

= 전단의 사슬을 감싸면서 전
　 전단에 한길 긴뜨기를 뜬다

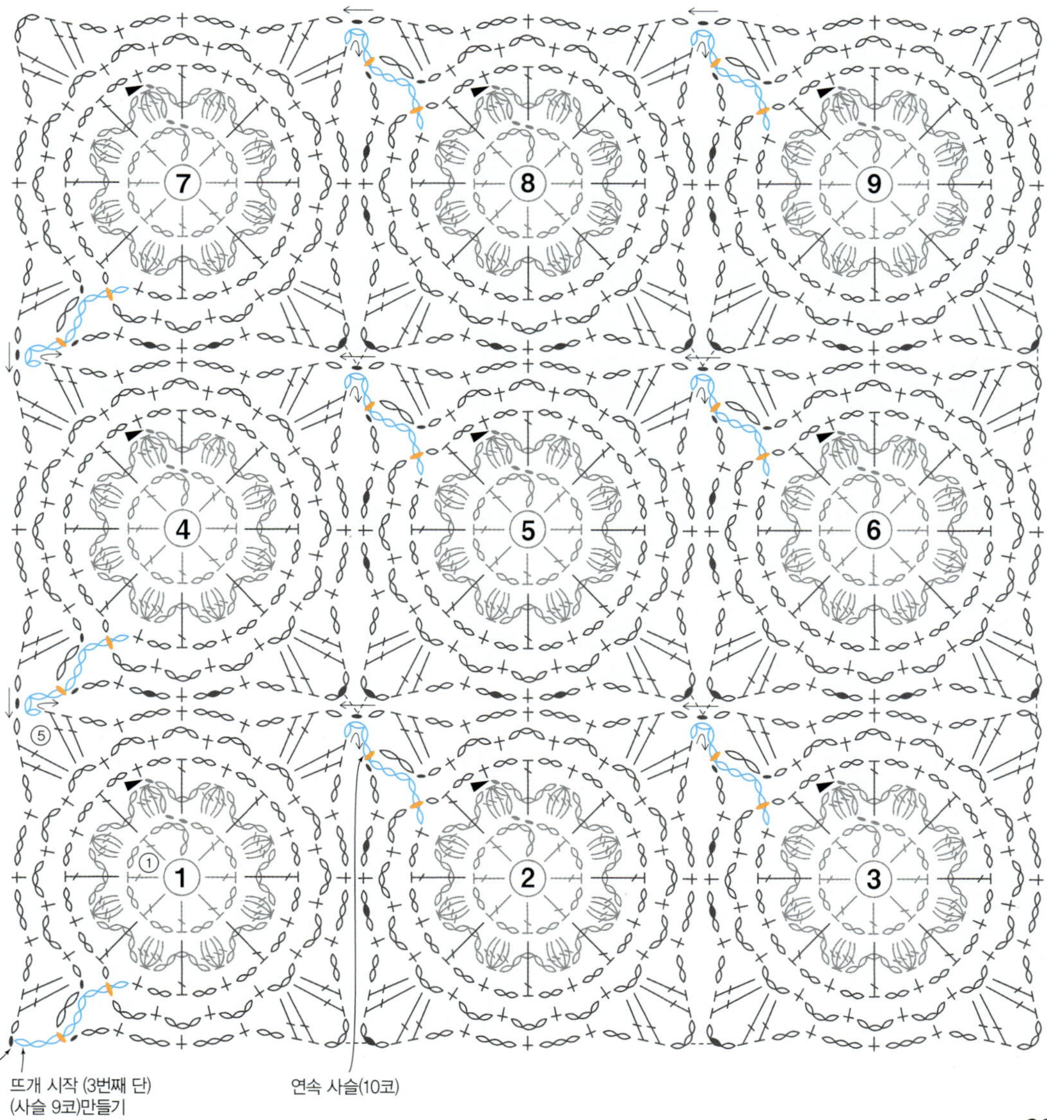

배색 { = 배색
　　　 = 바탕색

▶ = 실을 자른다

뜨개 끝

뜨개 시작 (3번째 단)
(사슬 9코)만들기

연속 사슬(10코)

no.24

모티브 크기 / 한 변이 6.8cm

- ●—● = 뜨는 법은 91쪽
- ●—● = 뜨는 법은 91쪽
- ●—● = 뜨는 법은 96쪽

7

8

9

4

5

6

1

2

3

⑤

①

뜨개 끝

뜨개 시작 (사슬 22코)만들기

연속 사슬(24코)

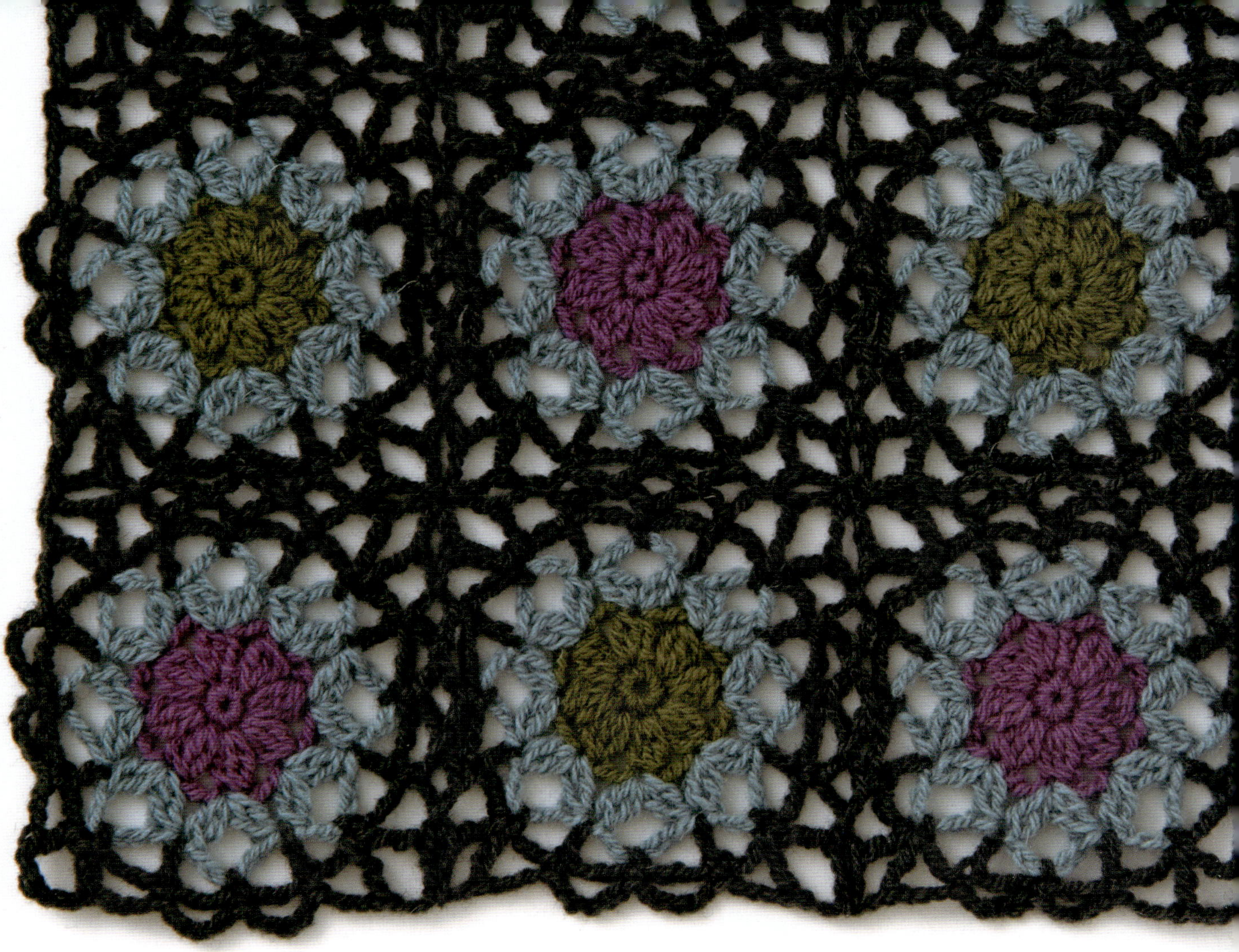

no.25

모티브 크기/한 변이 6.8㎝

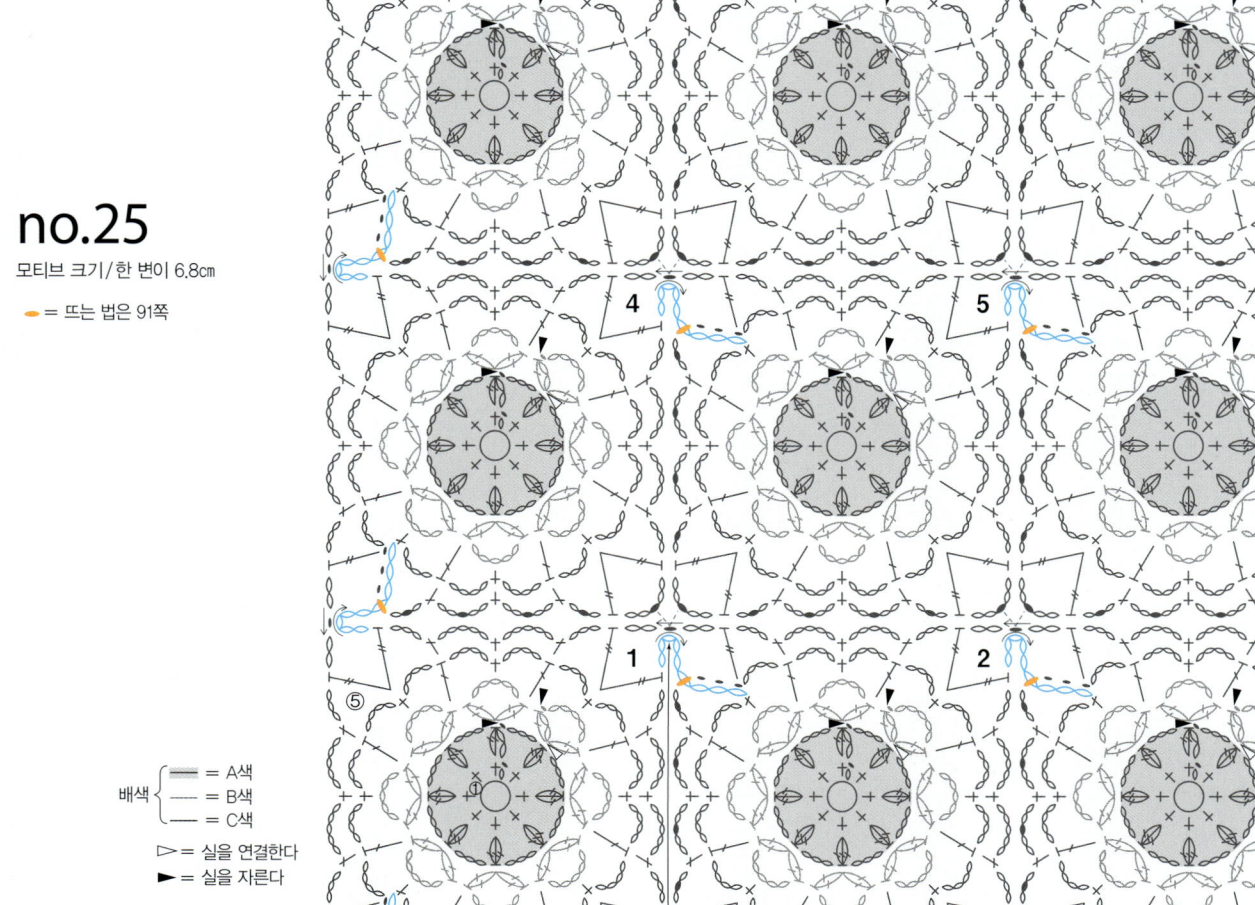

━● = 뜨는 법은 91쪽

배색 ⎰ ━━━ = A색
     ⎱ ──── = B색
       ─── = C색

▷ = 실을 연결한다
► = 실을 자른다

뜨개 끝

뜨개 시작 (4번째 단)
(사슬 7코)만들기

연속 사슬(9코)

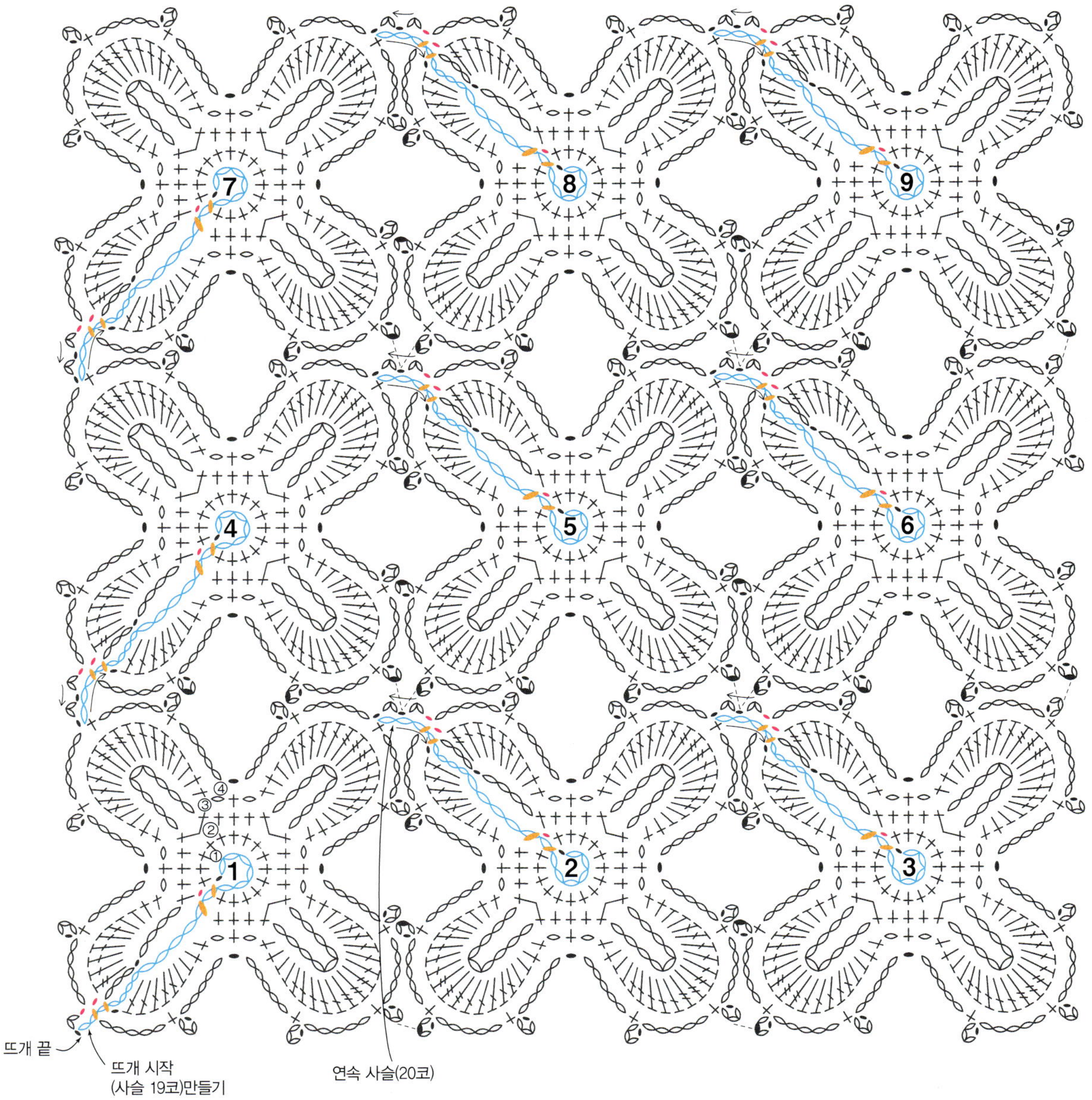

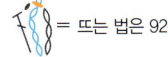

7
8
9
4
5
6
1
2
3
①
②
③
④
뜨개 끝
뜨개 시작
(사슬 19코)만들기
연속 사슬(20코)

no.26

모티브 크기/한 변이 6.5㎝

= 뜨는 법은 91쪽

= 뜨는 법은 91쪽

= 뜨는 법은 92쪽

= 사슬 3코 빼뜨기의 피코뜨기
뜨는 법은 110쪽

뜨개 시작 (사슬 29코)만들기

뜨개 끝

연속 사슬(30코)

no.27

모티브 크기／한 변이 8cm

＝ 뜨는 법은 91쪽

＝ 뜨는 법은 91쪽

＝ 뜨는 법은 92쪽

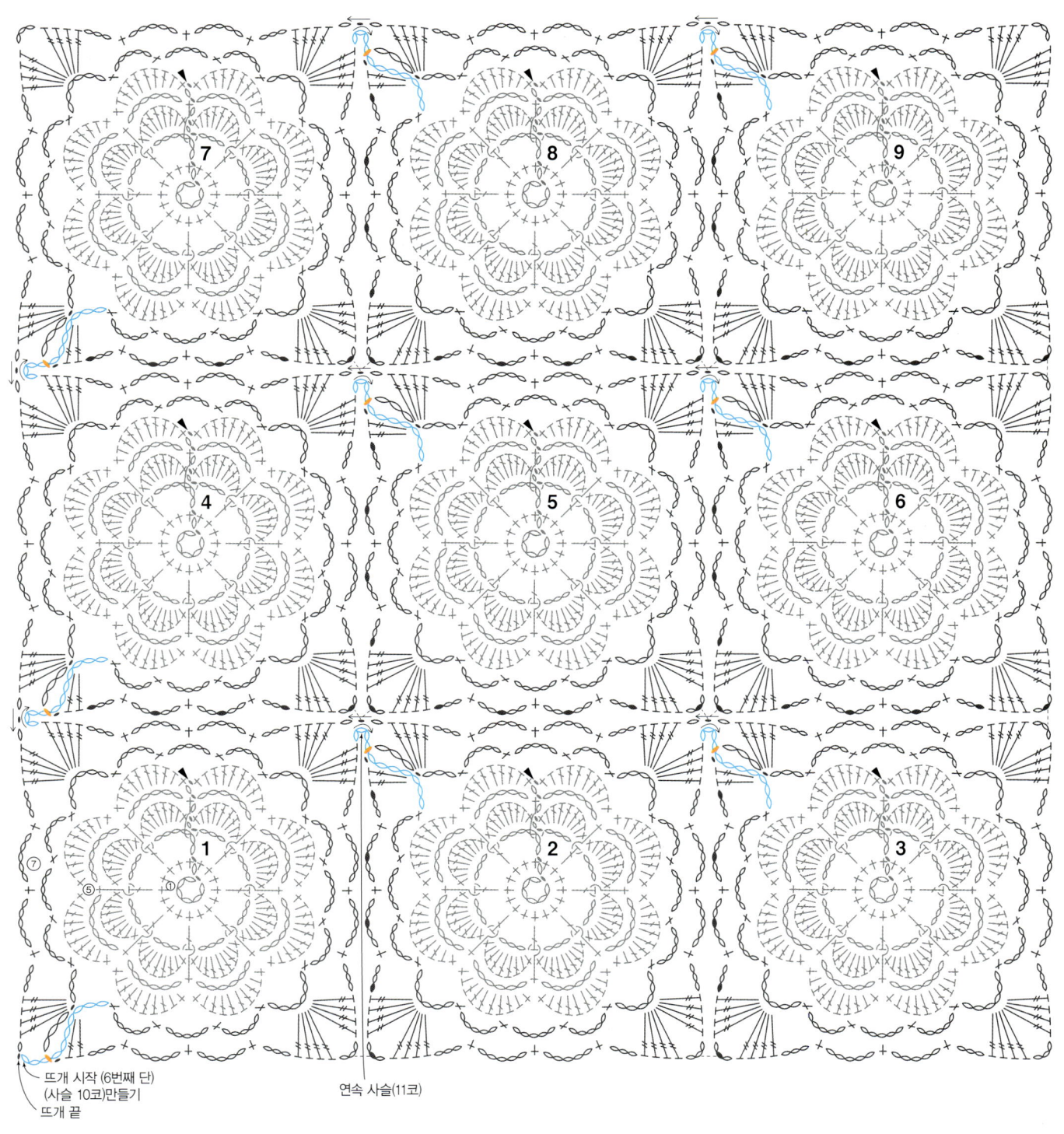

뜨개 시작 (6번째 단)
(사슬 10코)만들기
뜨개 끝

연속 사슬(11코)

배색 { --- = 배색
       --- = 바탕색
     ► = 실을 자른다

no.28 (no.27의 배색)

모티브 크기／한 변이 8cm

= 뜨는 법은 91쪽

= 뜨는 법은 92쪽

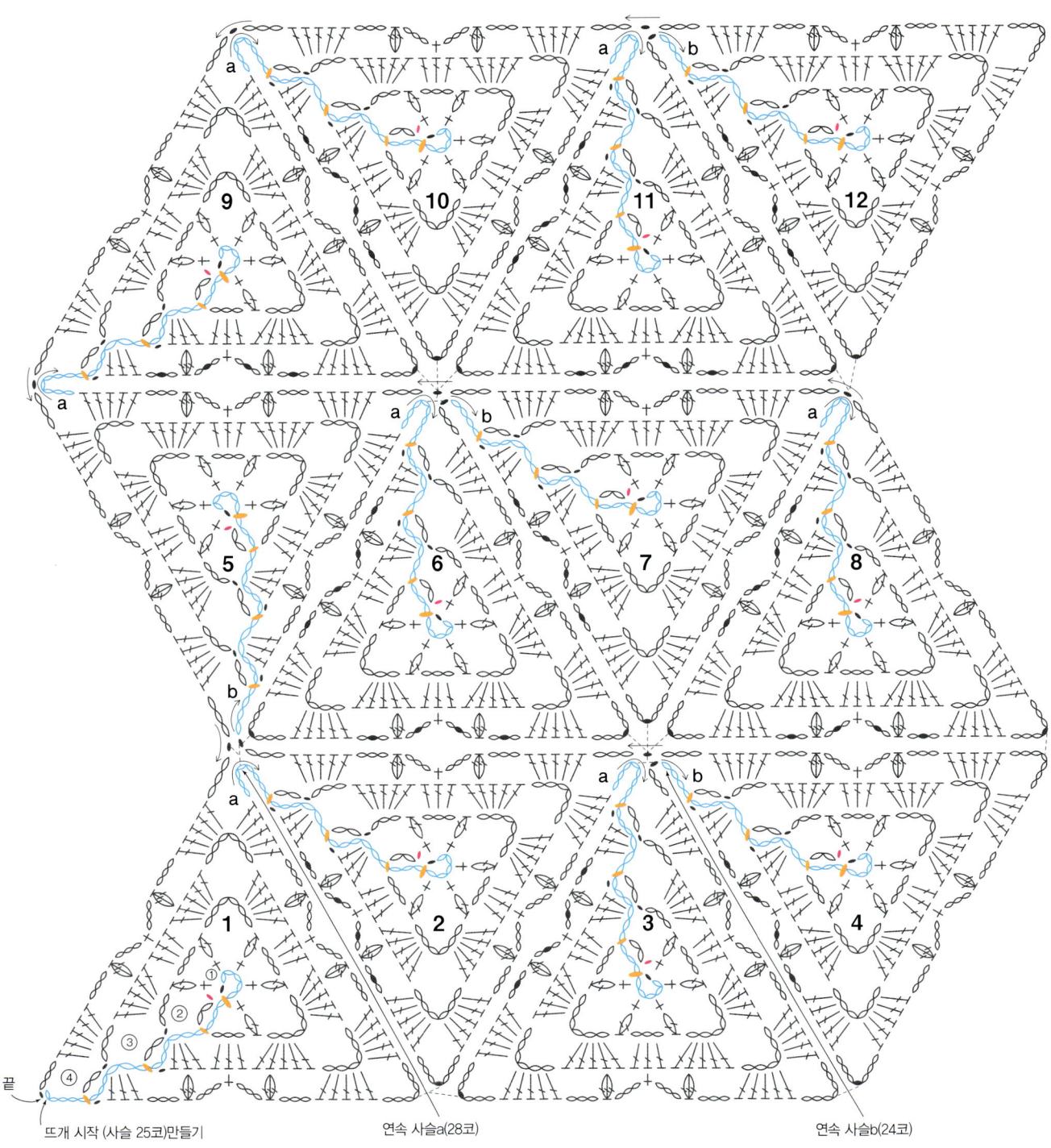

no.29

모티브 크기 / 한 변이 9cm

- 🟠 = 뜨는 법은 91쪽
- 🔴 = 뜨는 법은 91쪽
- ✎ = 뜨는 법은 92쪽

뜨개 끝

뜨개 시작 (사슬 25코)만들기

연속 사슬a(28코)

연속 사슬b(24코)

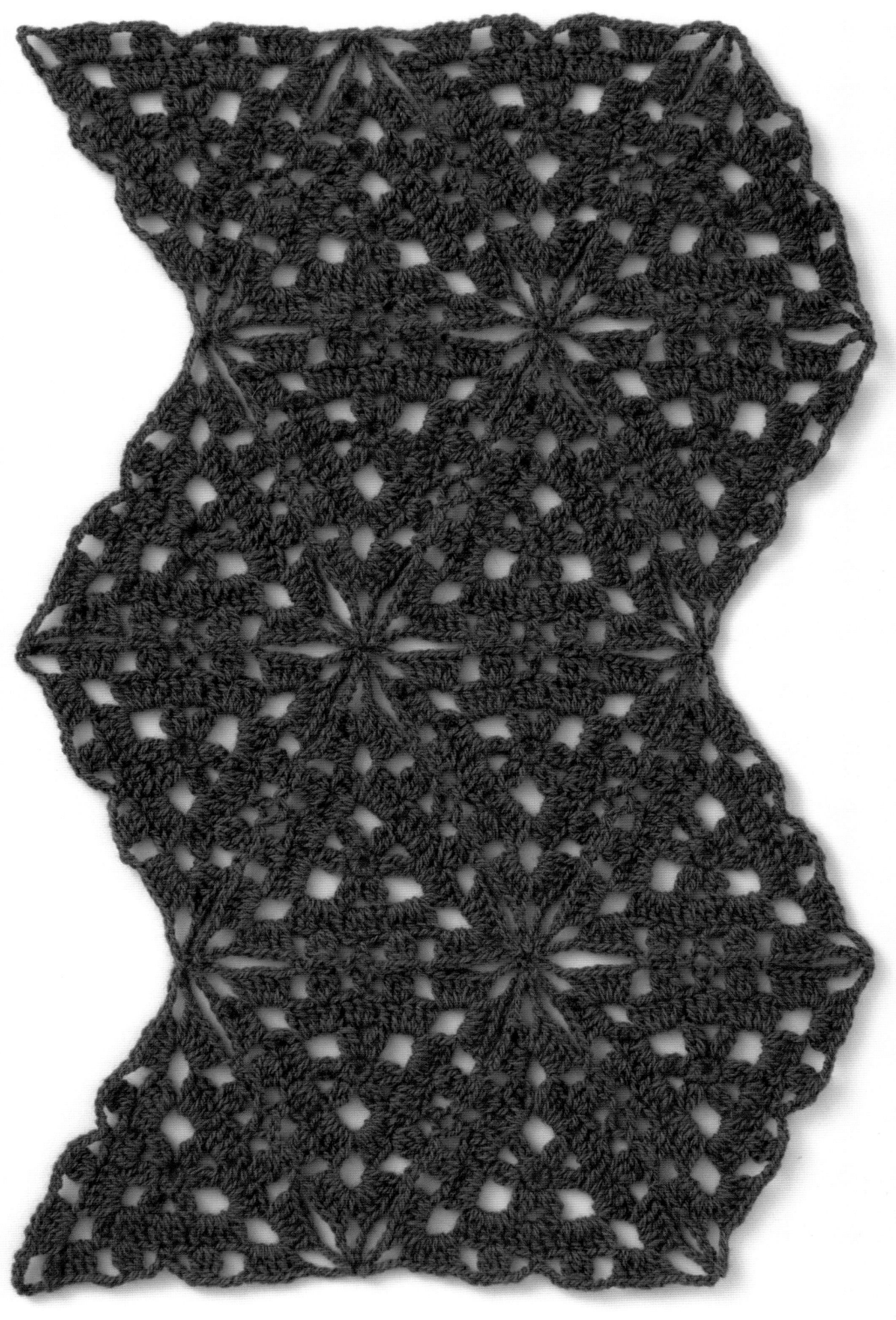

43

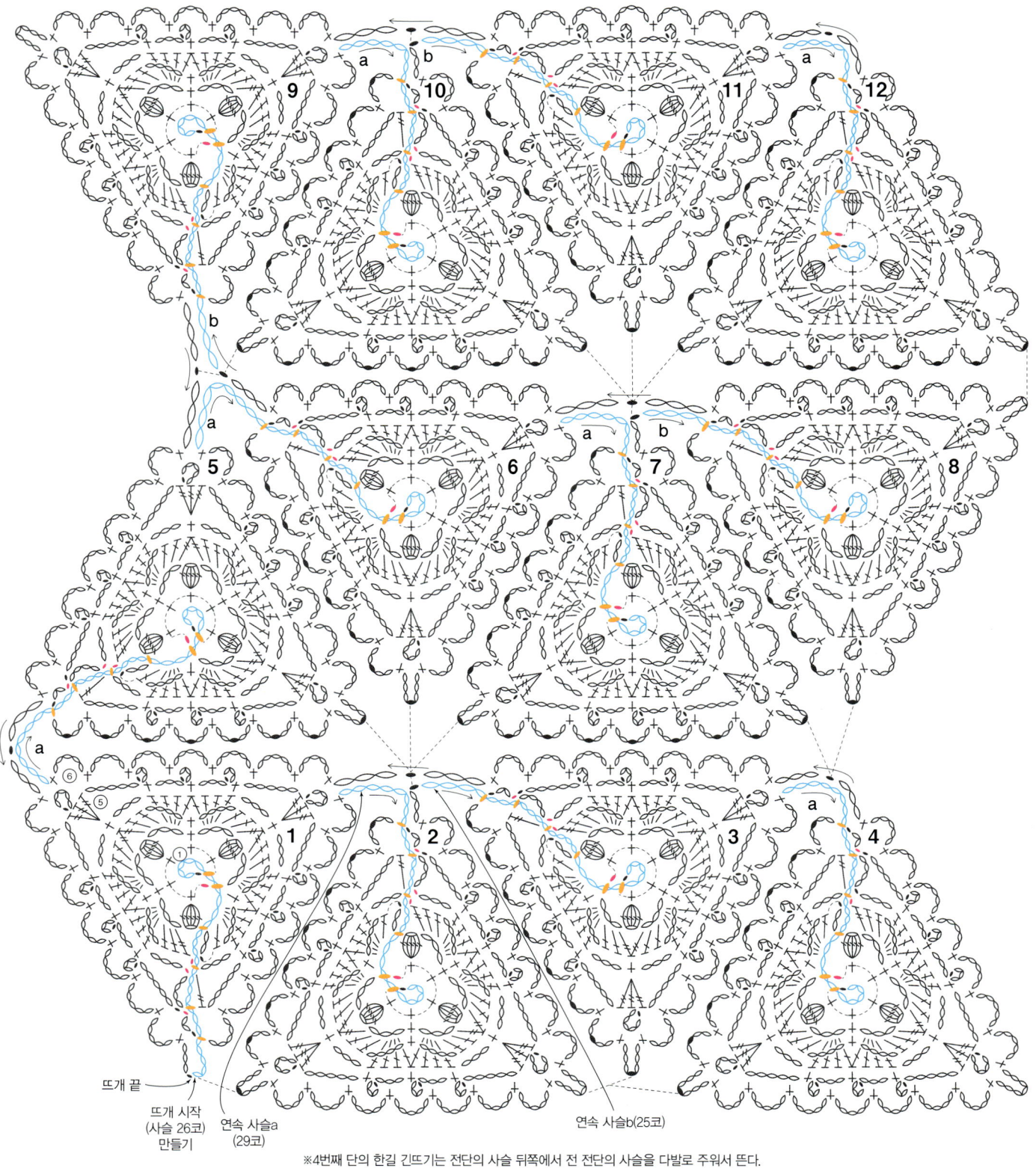

뜨개 끝

뜨개 시작
(사슬 26코)
만들기

연속 사슬a
(29코)

연속 사슬b(25코)

※4번째 단의 한길 긴뜨기는 전단의 사슬 뒤쪽에서 전 전단의 사슬을 다발로 주워서 뜬다.

no.30

모티브 크기 / 한 변이 10㎝

- = 뜨는 법은 91쪽
- = 뜨는 법은 91쪽
- = 한길 긴 5코 팝콘뜨기
  뜨는 법은 111쪽
- = 사슬 3코 빼뜨기의 피코뜨기
  뜨는 법은 110쪽

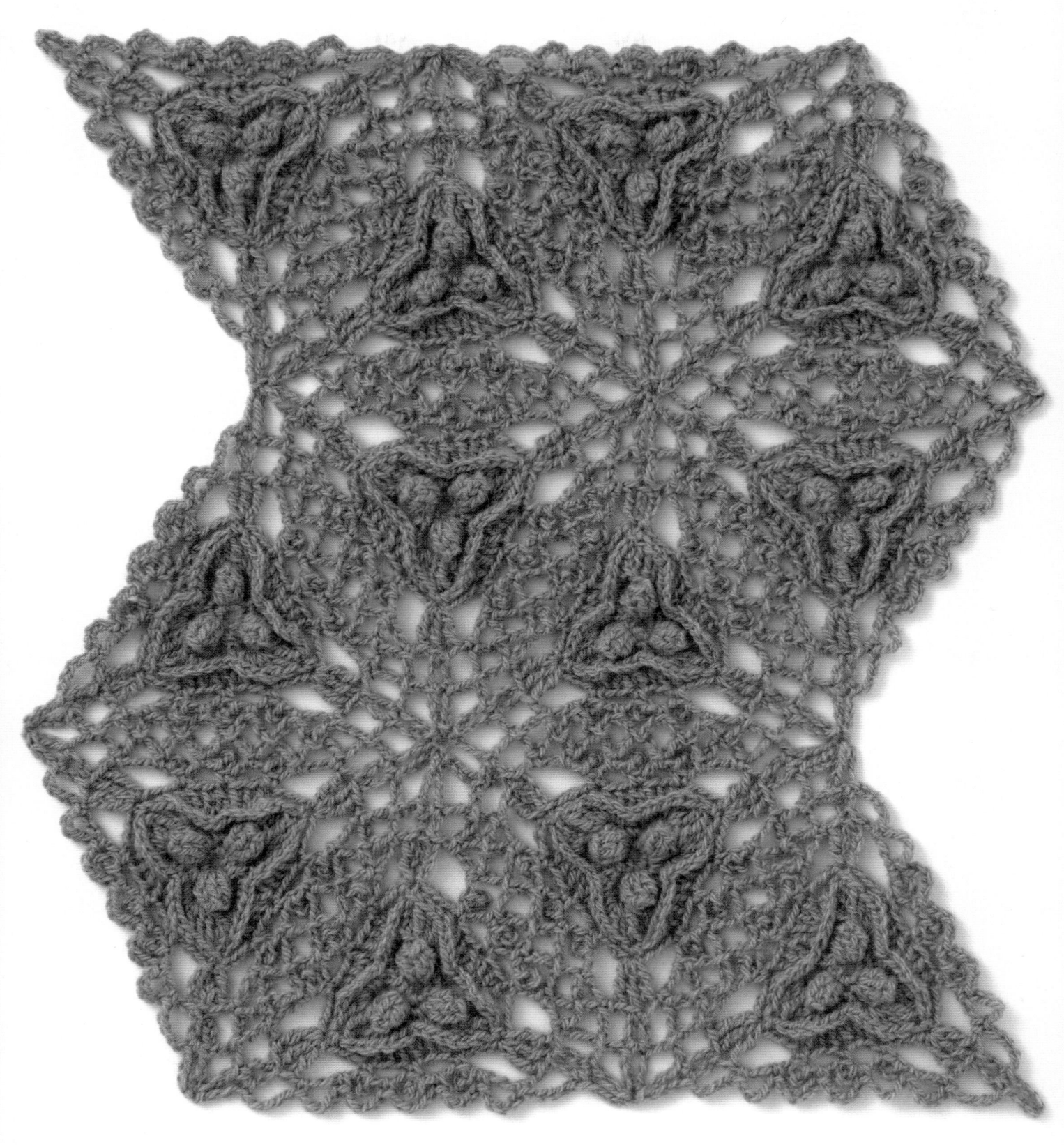

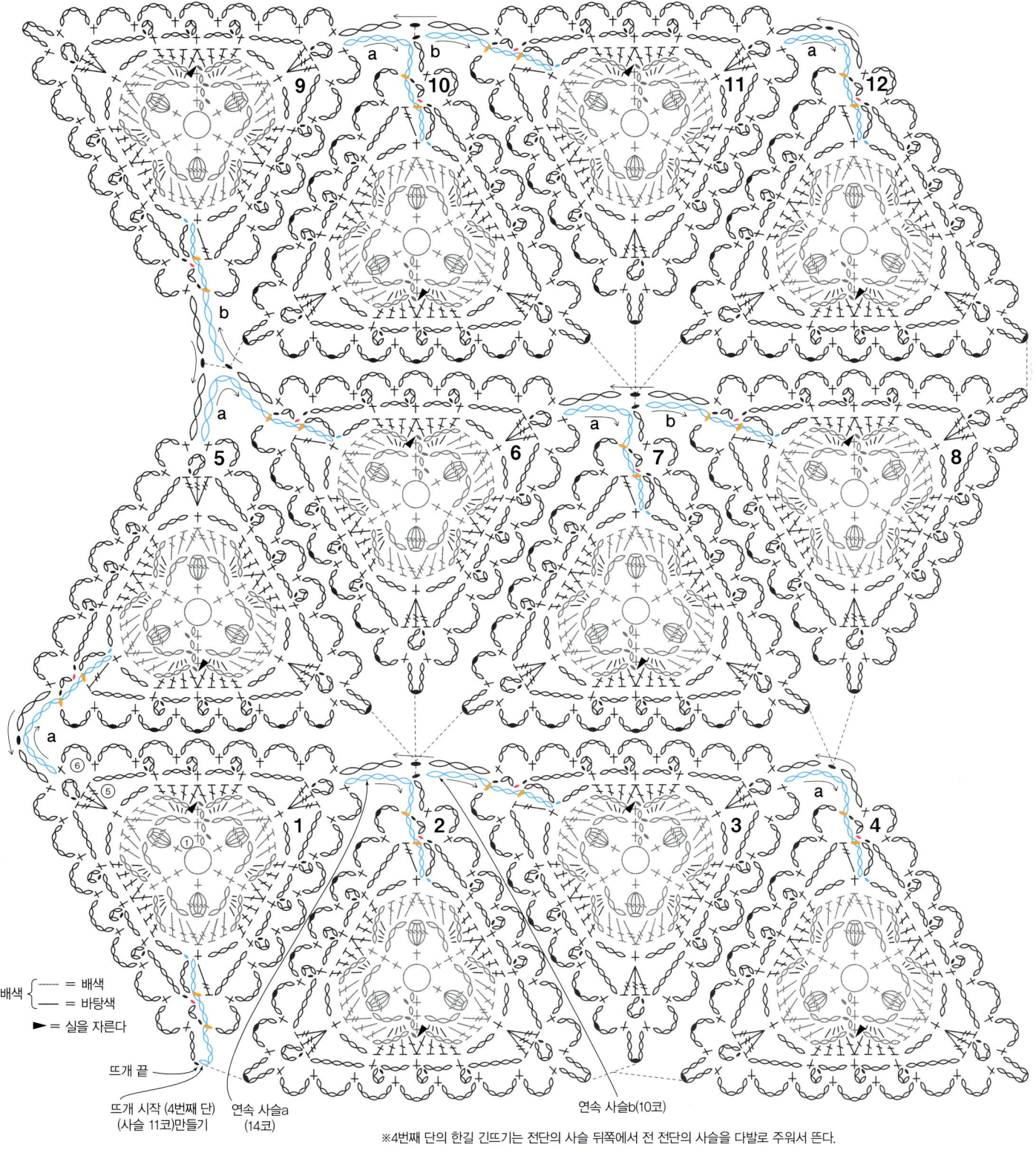

no.31 (no.30의 배색)

모티브 크기 / 한 변이 10㎝

- = 뜨는 법은 97쪽
- = 뜨는 법은 91쪽
- = 뜨는 법은 91쪽
- = 한길 긴 5코 팝콘뜨기
  뜨는 법은 111쪽
- = 사슬 3코 빼뜨기의 피코뜨기
  뜨는 법은 110쪽

배색 { = 배색
       = 바탕색

► = 실을 자른다

뜨개 끝

뜨개 시작 (4번째 단)
(사슬 11코)만들기

연속 사슬a
(14코)

연속 사슬b(10코)

※4번째 단의 한길 긴뜨기는 전단의 사슬 뒤쪽에서 전 전단의 사슬을 다발로 주워서 뜬다.

Octagon & Circle

팔각형과 원형 모티브

팔각형 모티브를 가로세로로 늘어놓으면 모티브와 모티브 사이에 공간이 생깁니다. 공간을 메우고 싶을 때는 숄(→P.7)처럼 연결하는 피코를 길게 뜨면 좋습니다. 원형 모티브는 연결하는 위치를 바꾸거나 배색에 신경을 쓰면 다양한 느낌을 표현할 수 있습니다.

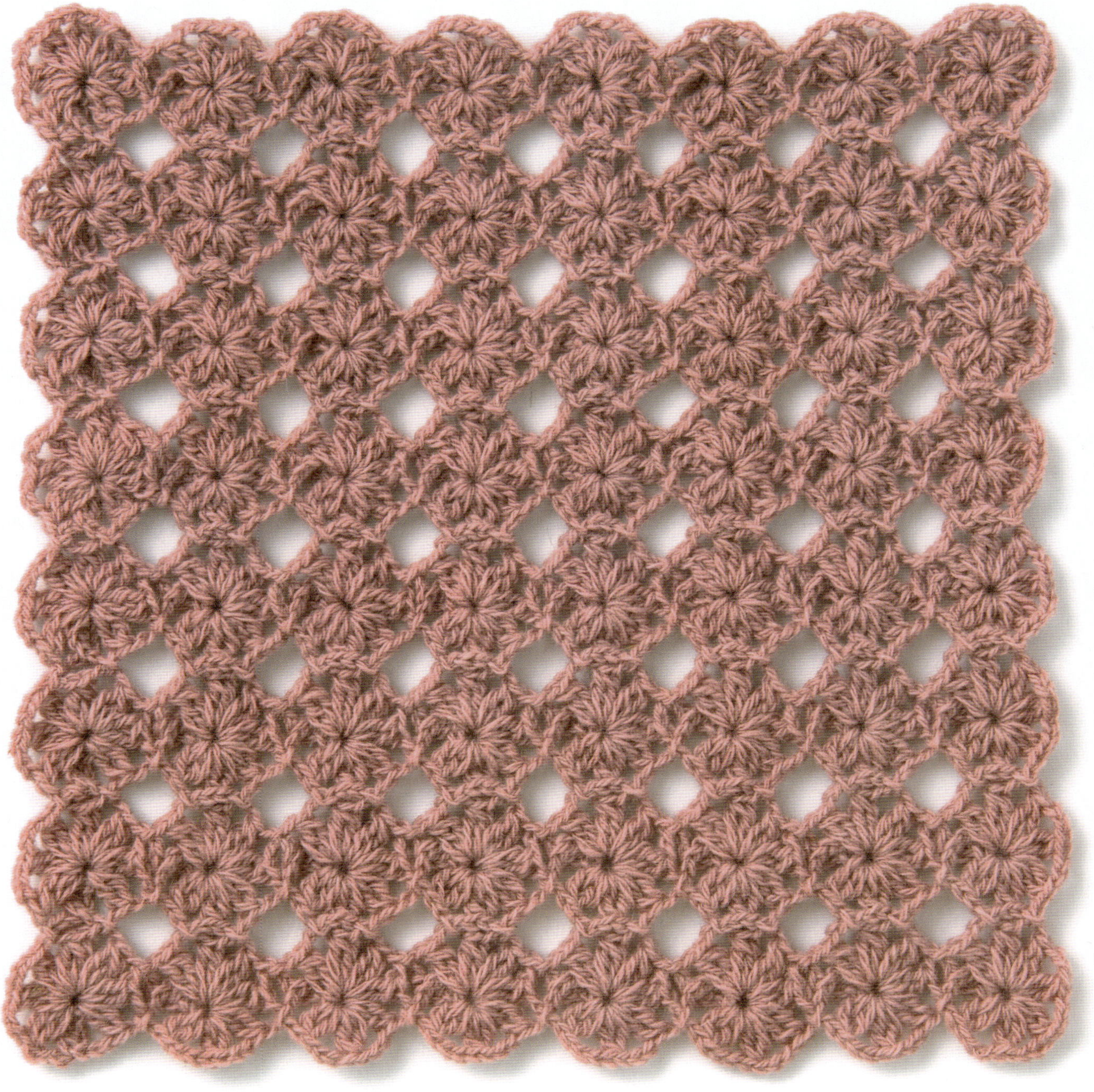

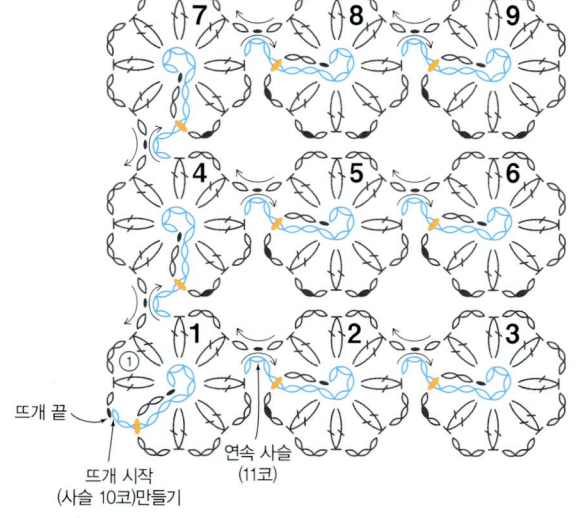

no.32

모티브 크기/지름 2.4cm

━ = 뜨는 법은 91쪽

뜨개 끝

뜨개 시작
(사슬 10코)만들기

연속 사슬
(11코)

no.33

모티브 크기/지름 6.5cm

● = 뜨는 법은 96쪽
● = 뜨는 법은 91쪽

 = 두길 긴 4코 구슬뜨기를 뜬 다음 바늘에서 코를 빼고, 연결할 쪽의 구슬뜨기 머리에 위에서부터 바늘을 넣어 빼두었던 코를 당겨서 뺀다. 뜨는 법은 97쪽

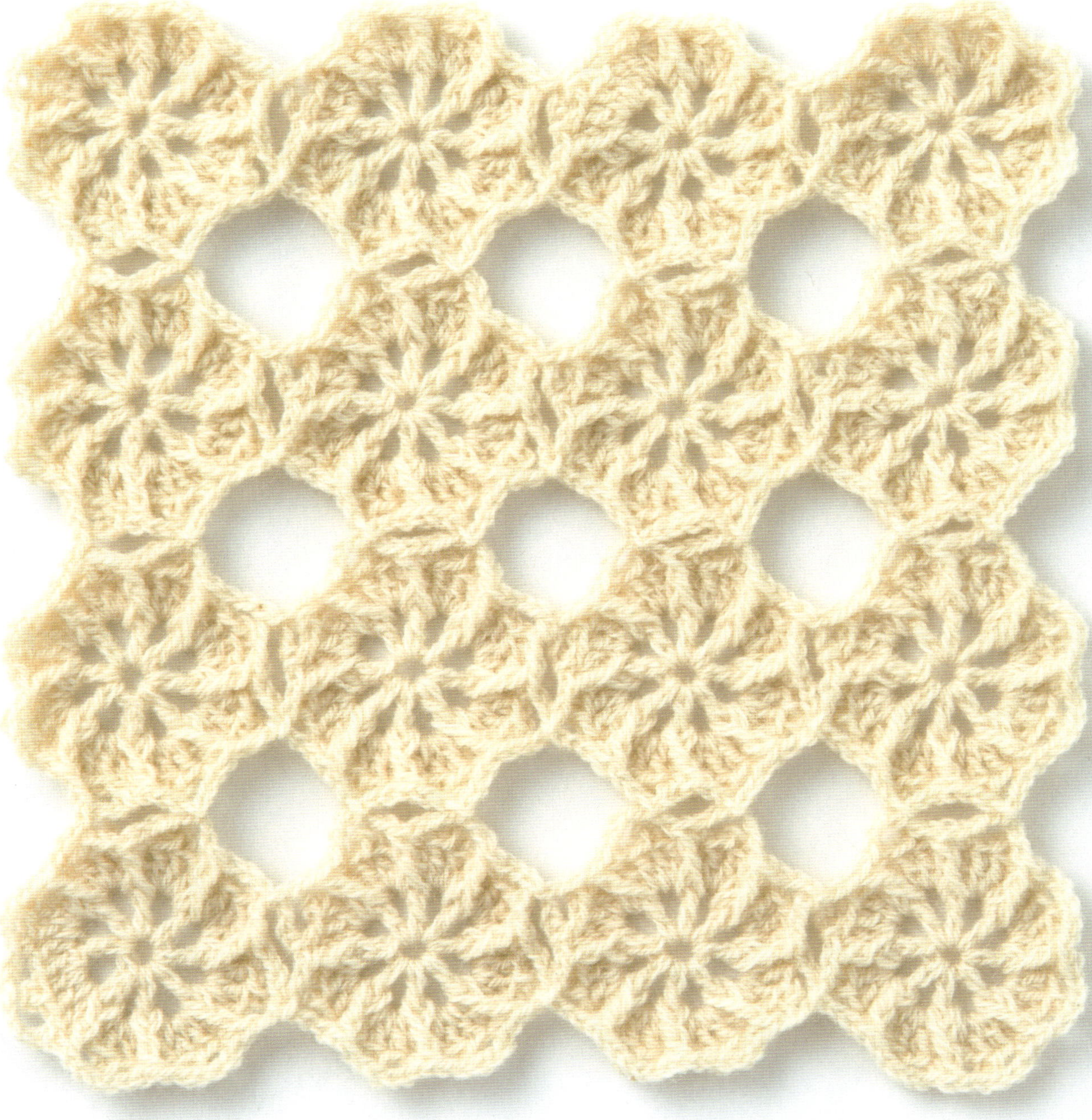

no.34

모티브 크기 / 지름 4.6cm

- ●━ = 뜨는 법은 91쪽
- ●━ = 뜨는 법은 91쪽
- ⊥ = 한길 긴 앞걸어뜨기
  뜨는 법은 110쪽
- ⌒ = 사슬 2코 빼뜨기의 피코뜨기
  ⊥ 뜨는 법은 110쪽

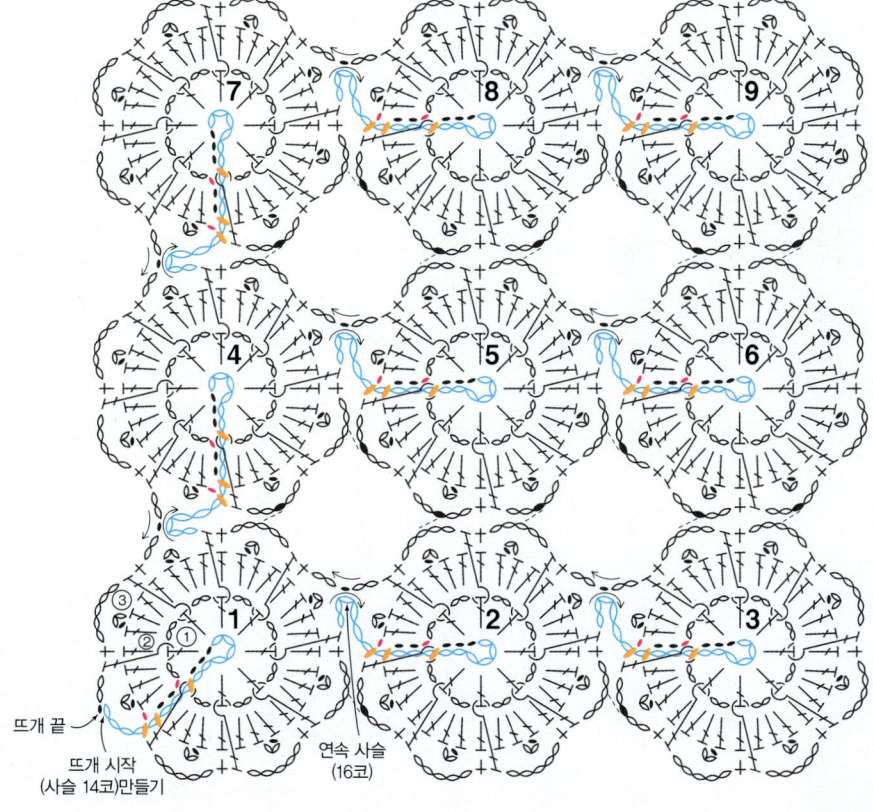

뜨개 끝

뜨개 시작
(사슬 14코)만들기

연속 사슬
(16코)

no.35

모티브 크기/지름 5.7cm

- 🟠 = 뜨는 법은 91쪽
- 🟢 = 뜨는 법은 96쪽

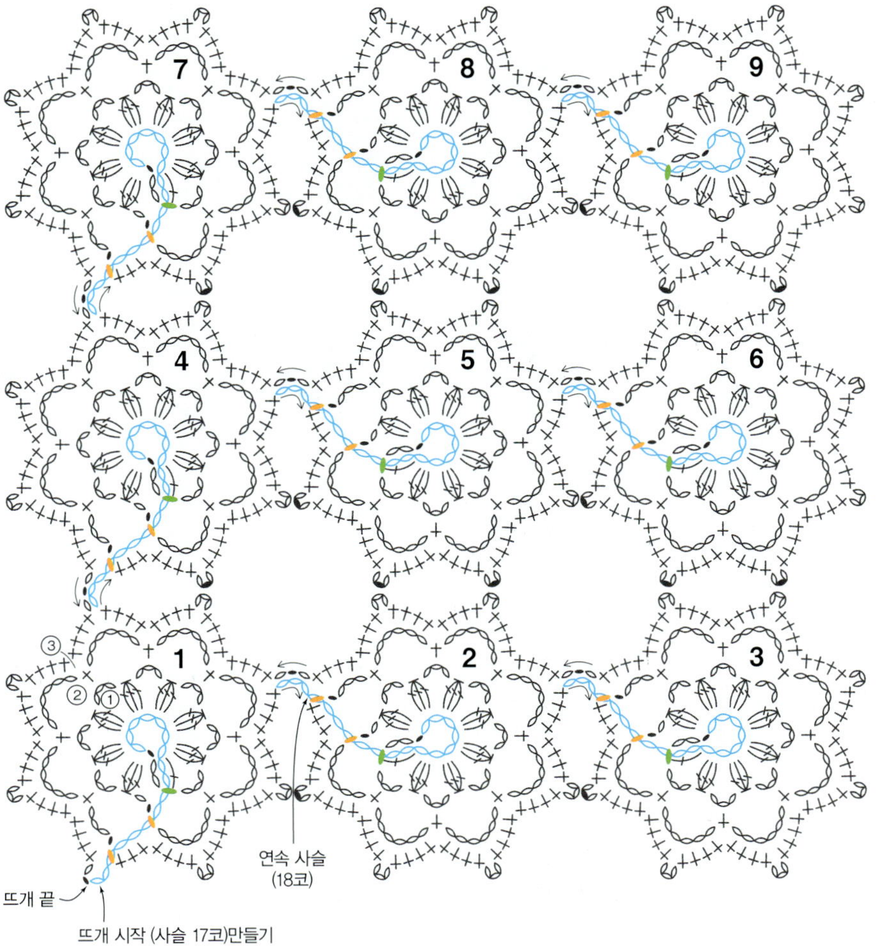

연속 사슬
(18코)

뜨개 끝

뜨개 시작 (사슬 17코)만들기

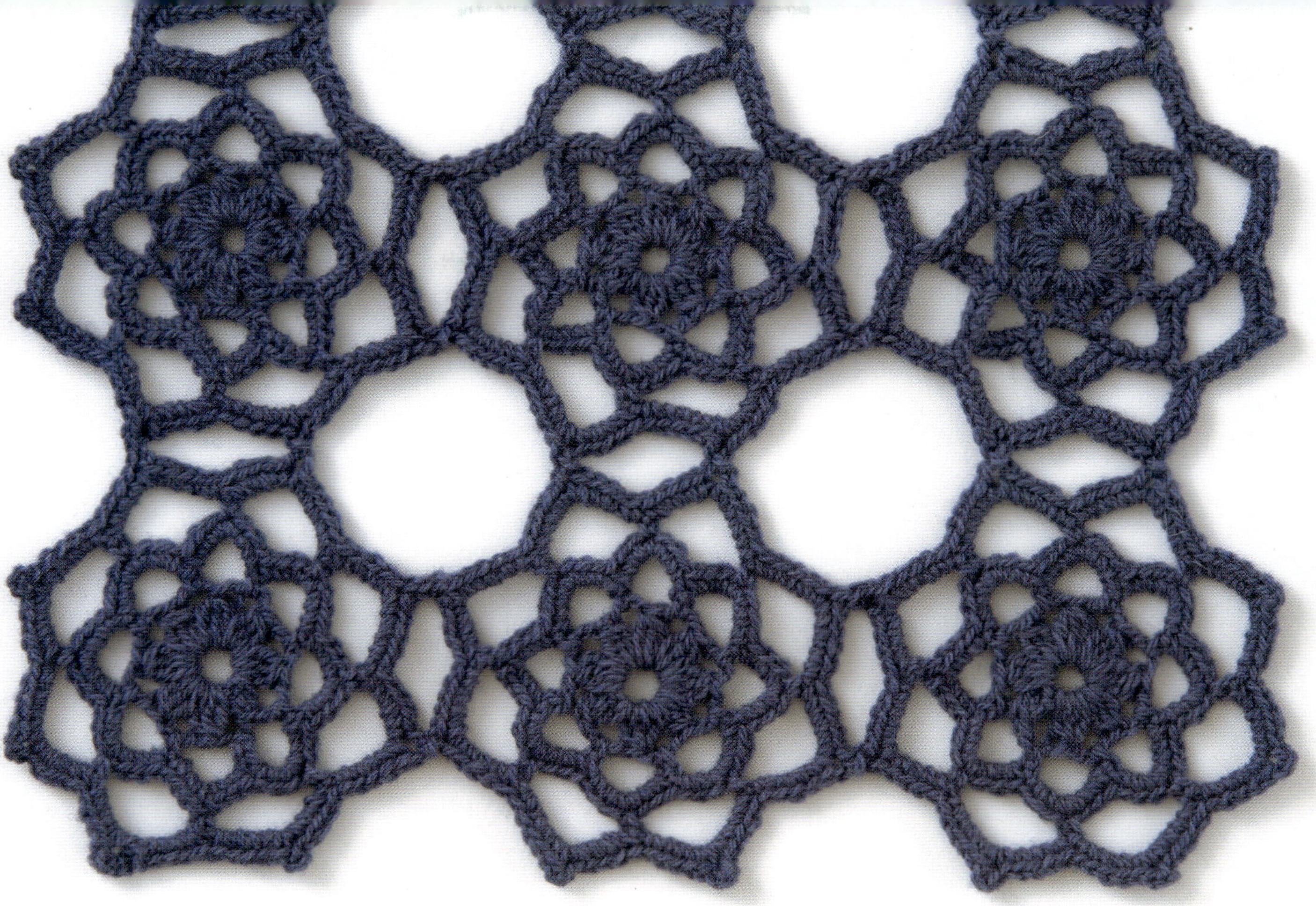

no.36

모티브 크기 / 지름 7.3cm

- ● = 뜨는 법은 96쪽
- ● = 뜨는 법은 91쪽
- ● = 뜨는 법은 91쪽

연속 사슬
(24코)

뜨개 끝

뜨개 시작 (사슬 23코) 만들기

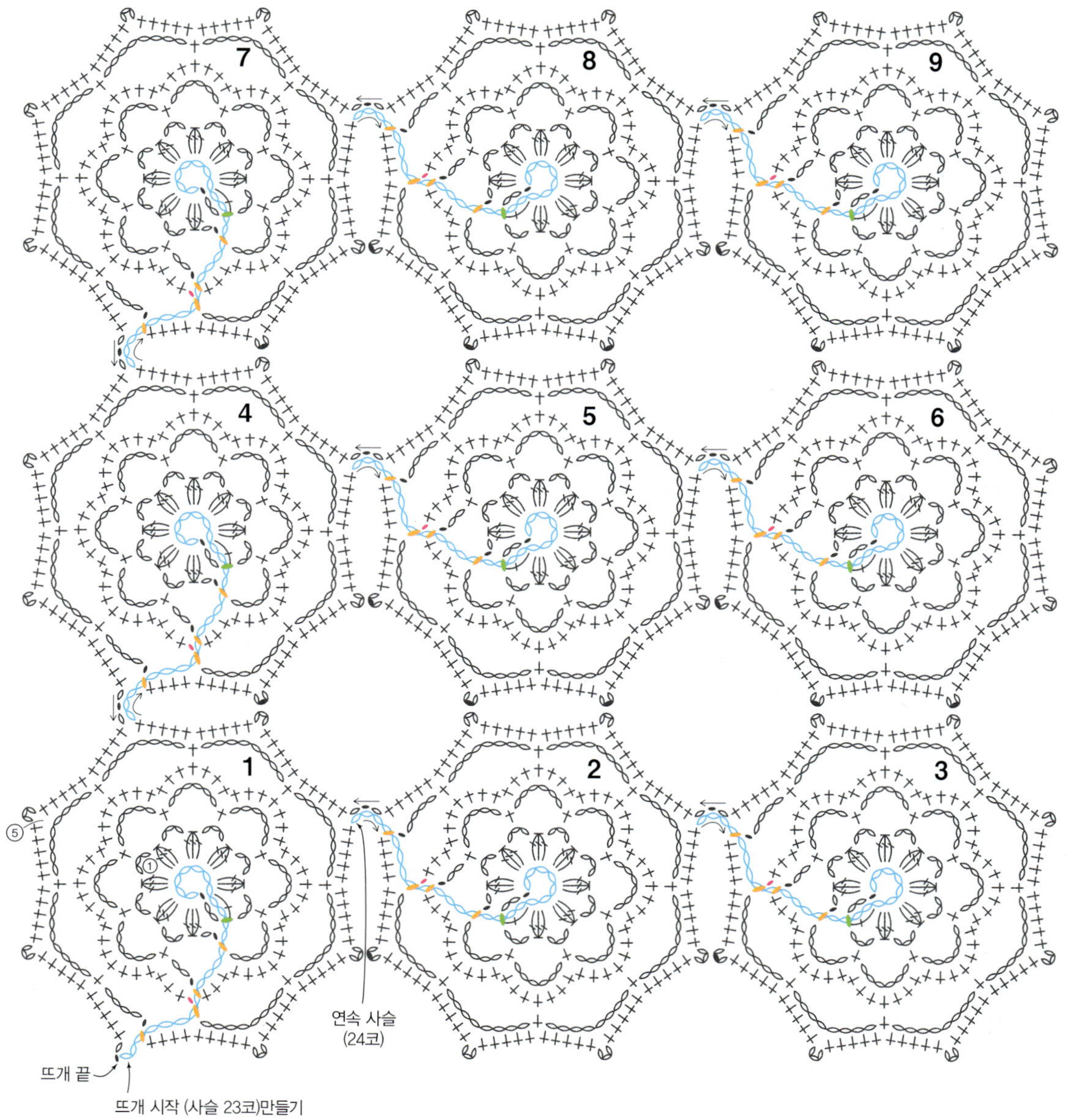

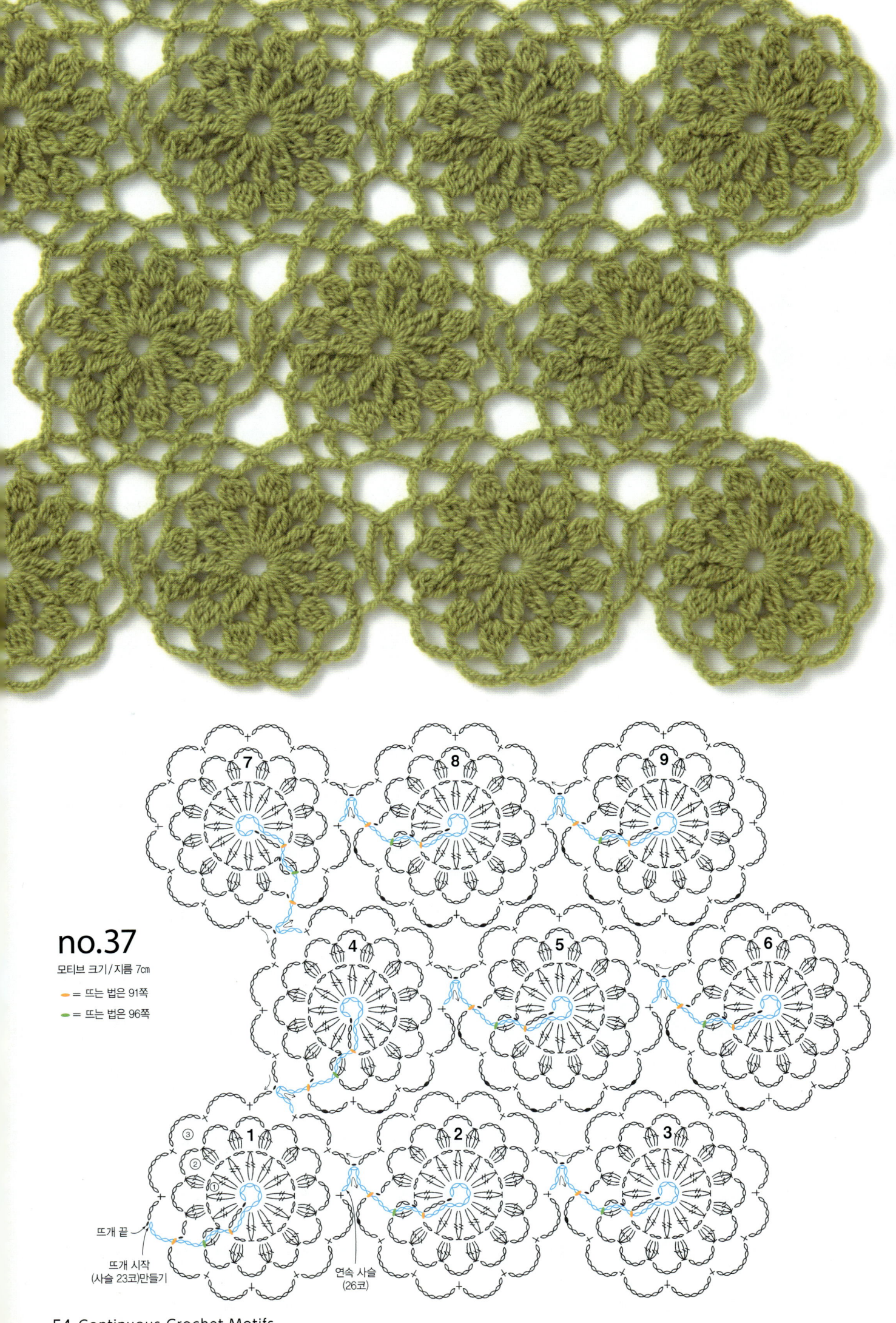

no.37

모티브 크기/지름 7cm

- ● = 뜨는 법은 91쪽
- ● = 뜨는 법은 96쪽

뜨개 끝

뜨개 시작
(사슬 23코)만들기

연속 사슬
(26코)

no.38

모티브 크기/지름 5.1㎝

- = 뜨는 법은 91쪽
- = 뜨는 법은 91쪽
- = 뜨는 법은 96쪽

= 사슬 3코 빼뜨기의 피코뜨기
뜨는 법은 110쪽
사슬 6코를 뜨고 3번째 코에
빼뜨기를 뜬다.

7
8
9
4
5
6
1
2
3
연속 사슬
(23코)
뜨개 끝
뜨개 시작 (사슬 19코)만들기

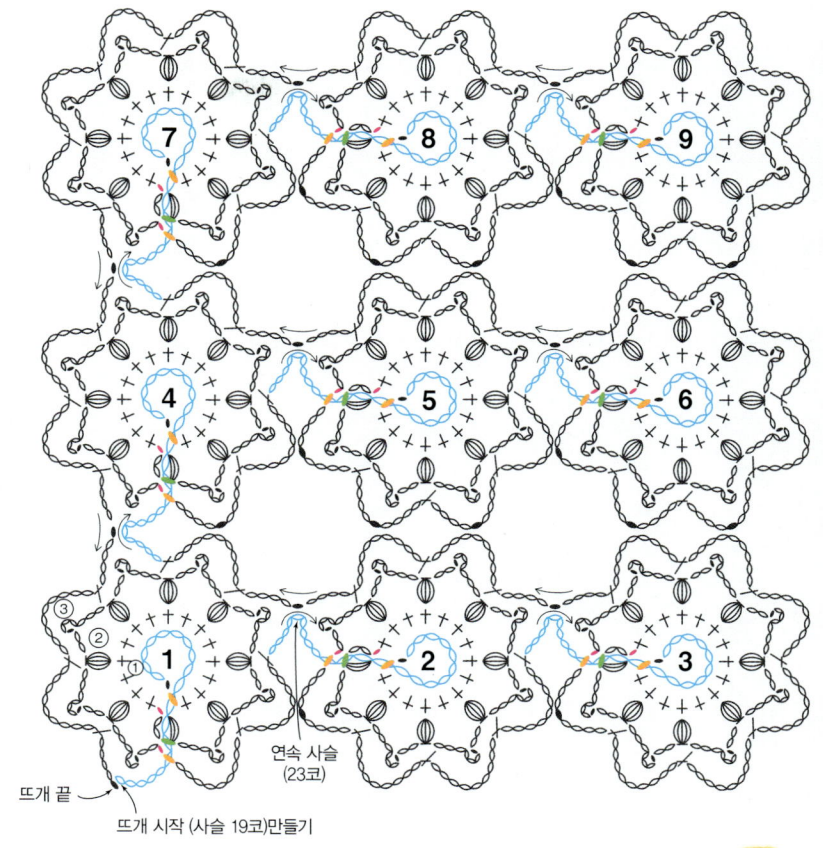

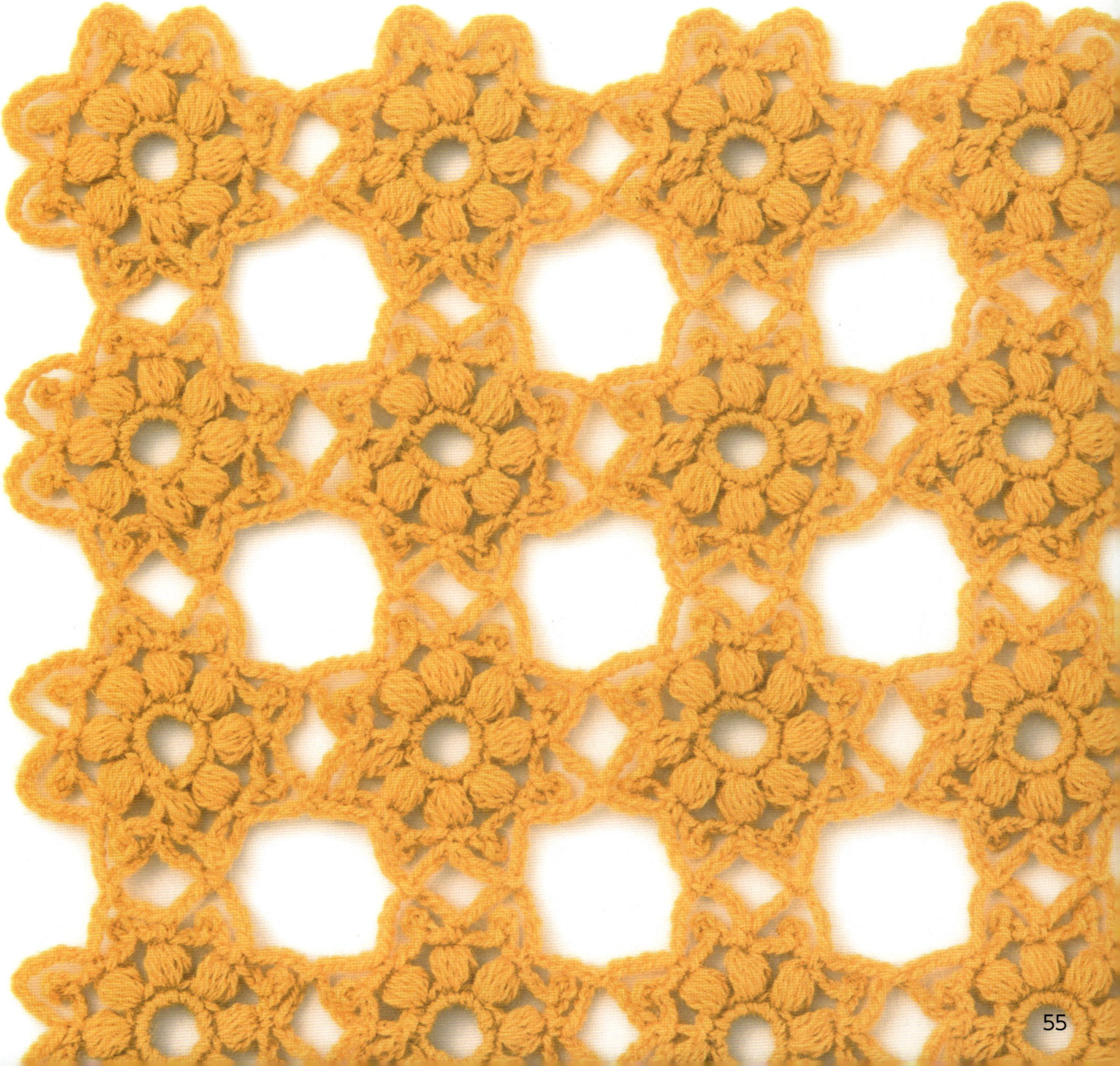

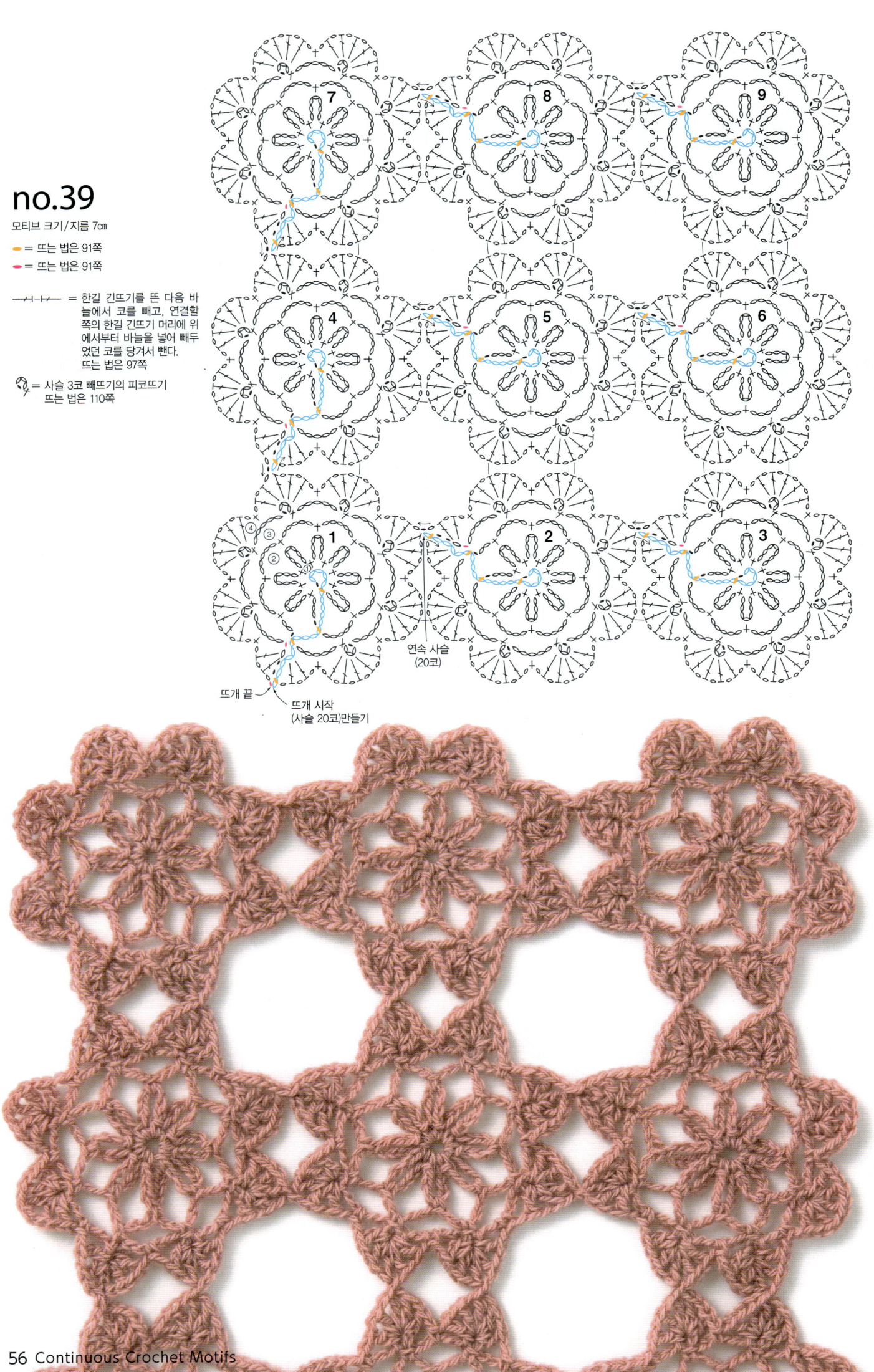

no.39

모티브 크기/지름 7cm

- ● = 뜨는 법은 91쪽
- ● = 뜨는 법은 91쪽

───┼─┼─ = 한길 긴뜨기를 뜬 다음 바늘에서 코를 빼고, 연결할 쪽의 한길 긴뜨기 머리에 위에서부터 바늘을 넣어 빼두었던 코를 당겨서 뺀다. 뜨는 법은 97쪽

= 사슬 3코 빼뜨기의 피코뜨기 뜨는 법은 110쪽

연속 사슬 (20코)

뜨개 끝

뜨개 시작 (사슬 20코)만들기

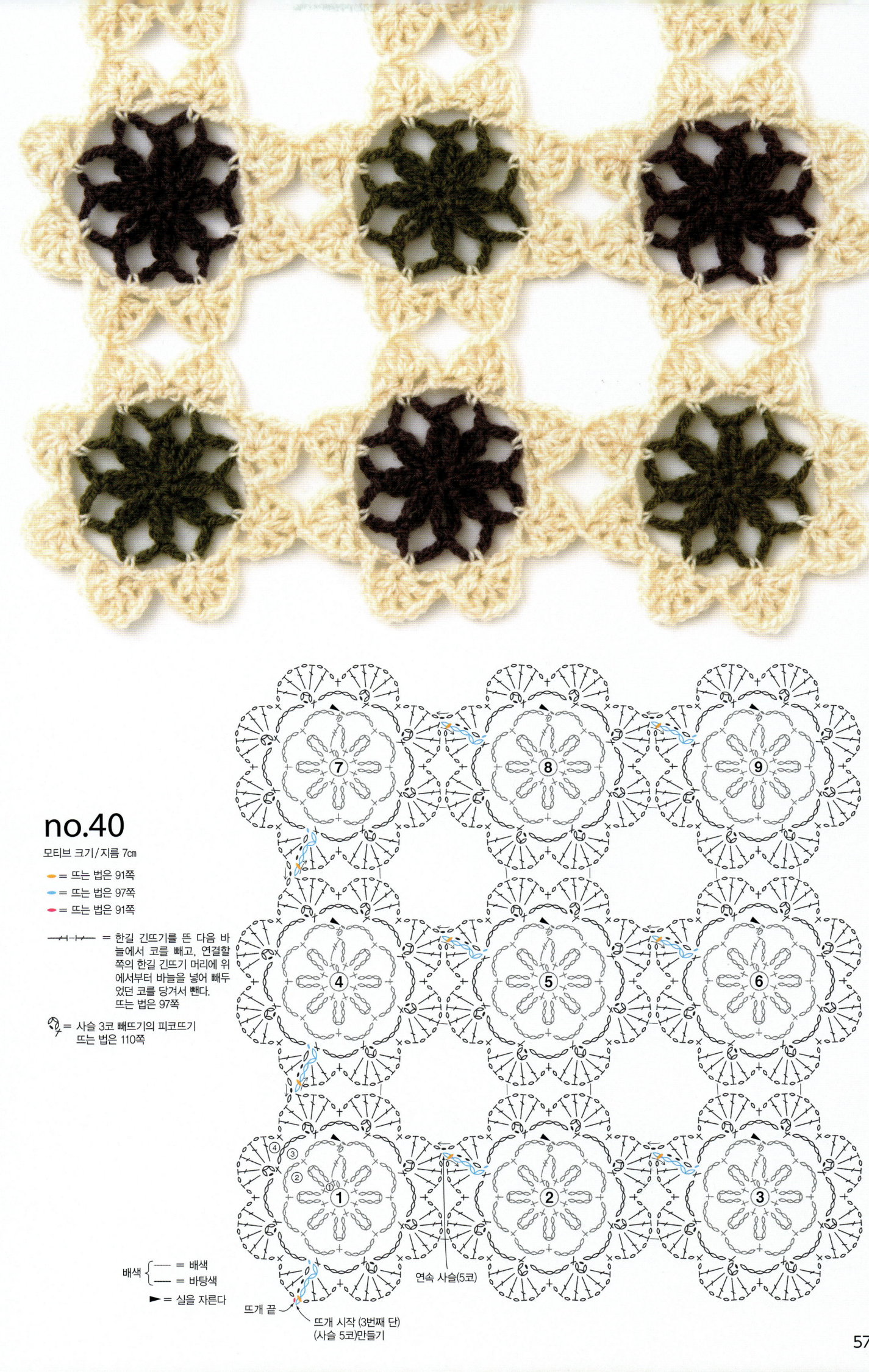

no.40

모티브 크기／지름 7cm

- ●— = 뜨는 법은 91쪽
- ●— = 뜨는 법은 97쪽
- ●— = 뜨는 법은 91쪽

—↓↓↓ = 한길 긴뜨기를 뜬 다음 바
늘에서 코를 빼고, 연결할
쪽의 한길 긴뜨기 머리에 위
에서부터 바늘을 넣어 빼두
었던 코를 당겨서 뺀다.
뜨는 법은 97쪽

= 사슬 3코 빼뜨기의 피코뜨기
뜨는 법은 110쪽

배색 { —— = 배색
—— = 바탕색
► = 실을 자른다

뜨개 끝

뜨개 시작 (3번째 단)
(사슬 5코만들기)

연속 사슬(5코)

57

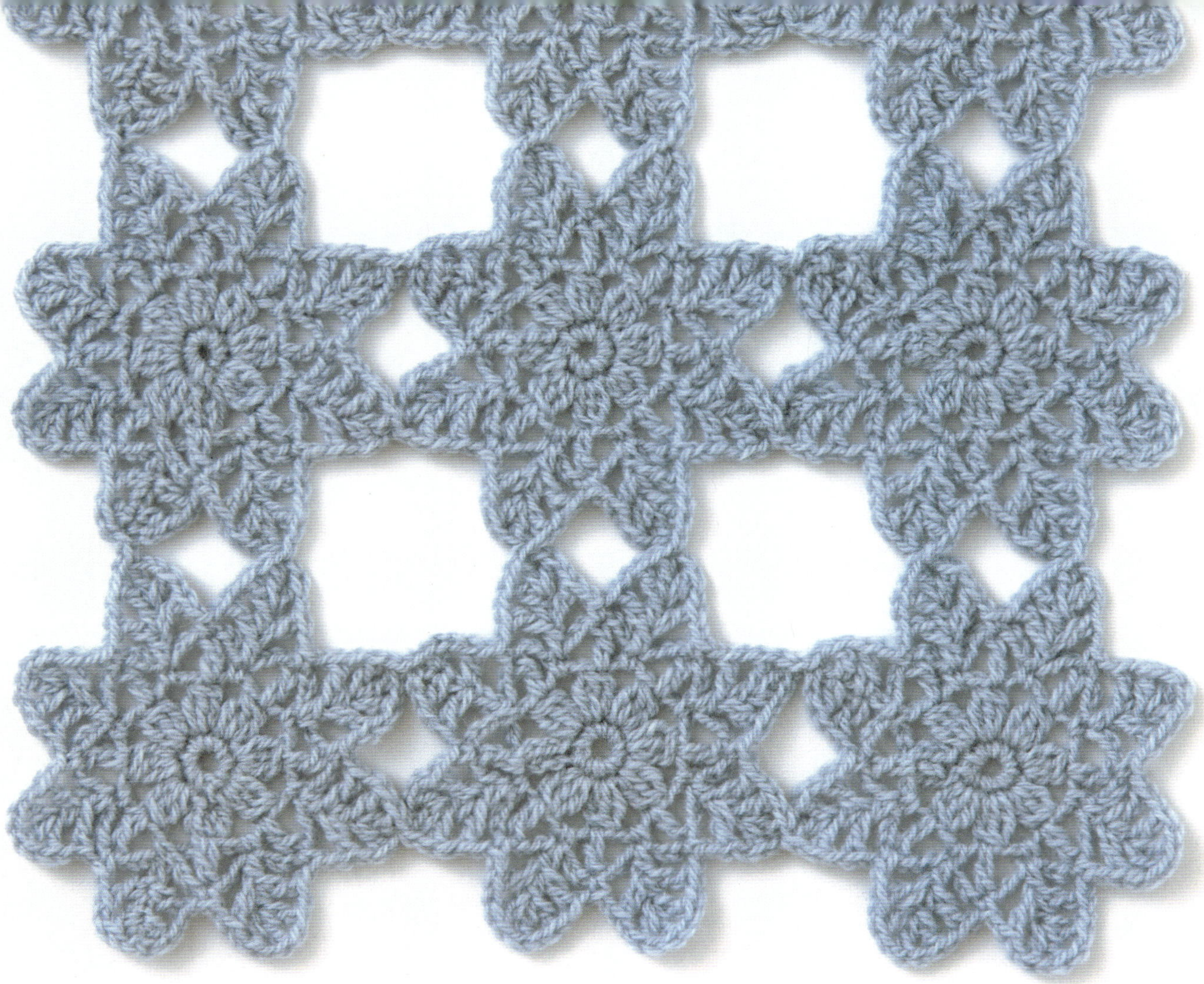

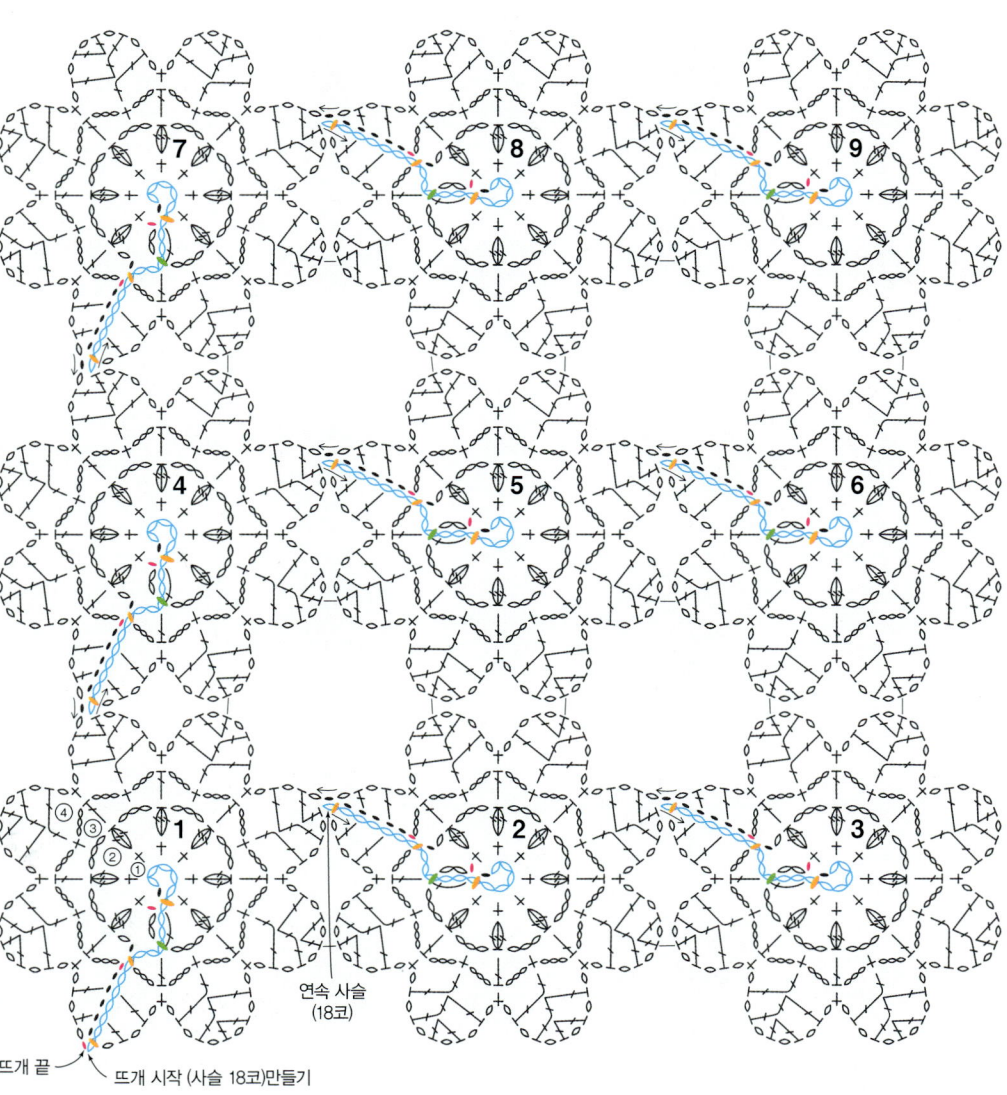

no.41

모티브 크기/지름 6.5cm

- ⬤—⬤ = 뜨는 법은 91쪽
- ⬤—⬤ = 뜨는 법은 91쪽
- ⬤—⬤ = 뜨는 법은 96쪽

—⊢⊢⊢— = 한길 긴뜨기를 뜬 다음 바늘에서 코를 빼고, 연결할 쪽의 한길 긴뜨기 머리에 위에서부터 바늘을 넣어 빼두었던 코를 당겨서 뺀다. 뜨는 법은 97쪽

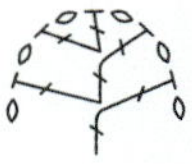

⋏ = Y자 뜨기 뜨는 법은 96쪽

연속 사슬 (18코)

뜨개 끝

뜨개 시작 (사슬 18코)만들기

no.42

모티브 크기/지름 6.5㎝

● = 뜨는 법은 91쪽
● = 뜨는 법은 91쪽

= 한길 긴뜨기를 뜬 다음 바늘에서 코를 빼고, 연결할 쪽의 한길 긴뜨기 머리에 위에서부터 바늘을 넣어 빼두었던 코를 당겨서 뺀다. 뜨는 법은 97쪽

= Y자 뜨기 뜨는 법은 96쪽

배색 { = 배색
       = 바탕색
▶ = 실을 자른다

연속 사슬 (6코)

뜨개 끝
뜨개 시작 (3번째 단) (사슬 6코)만들기

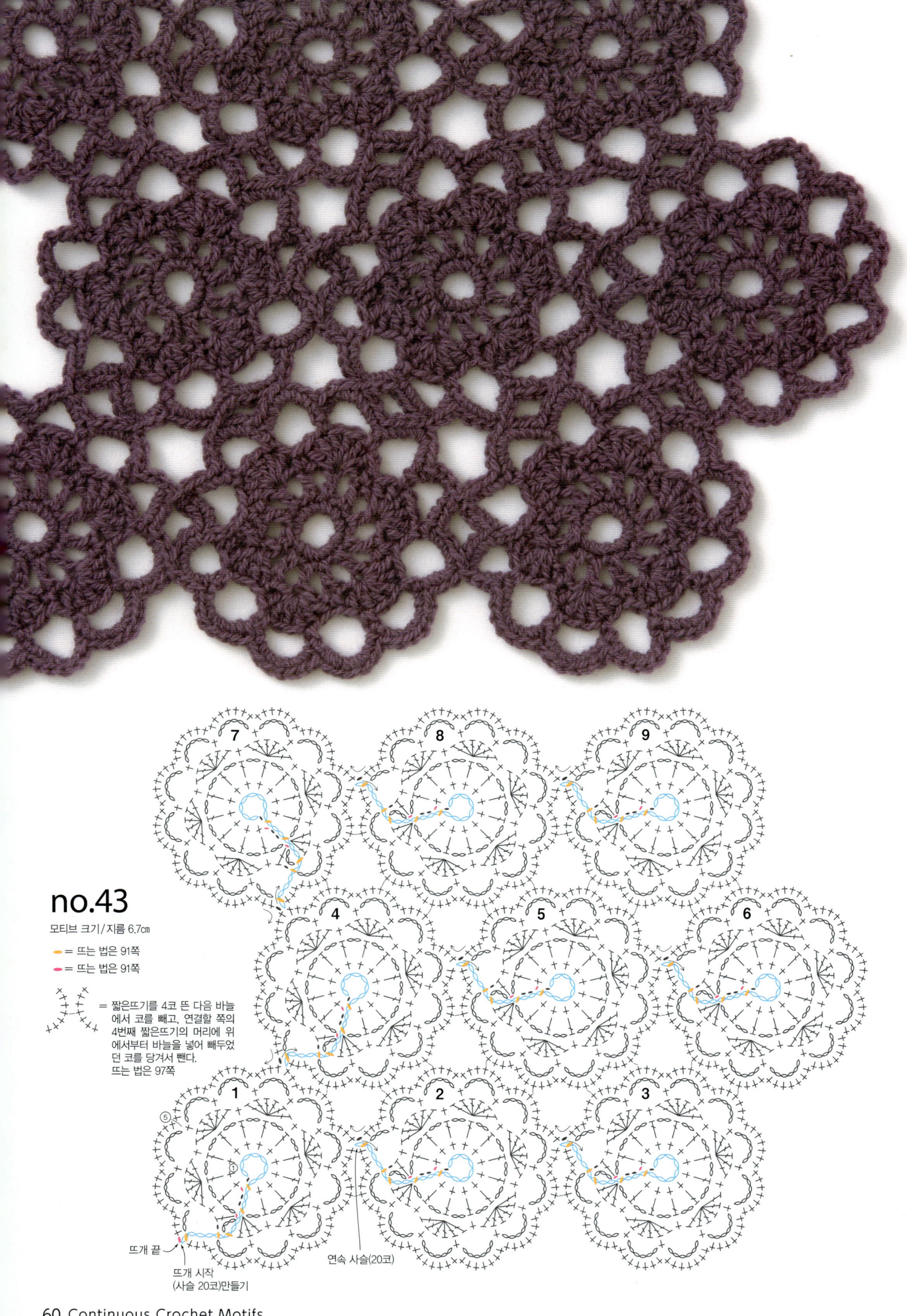

no.43

모티브 크기/지름 6.7cm

= 뜨는 법은 91쪽
= 뜨는 법은 91쪽

= 짧은뜨기를 4코 뜬 다음 바늘에서 코를 빼고, 연결할 쪽의 4번째 짧은뜨기의 머리에 위에서부터 바늘을 넣어 빼두었던 코를 당겨서 뺀다.
뜨는 법은 97쪽

뜨개 끝
뜨개 시작
(사슬 20코)만들기

연속 사슬(20코)

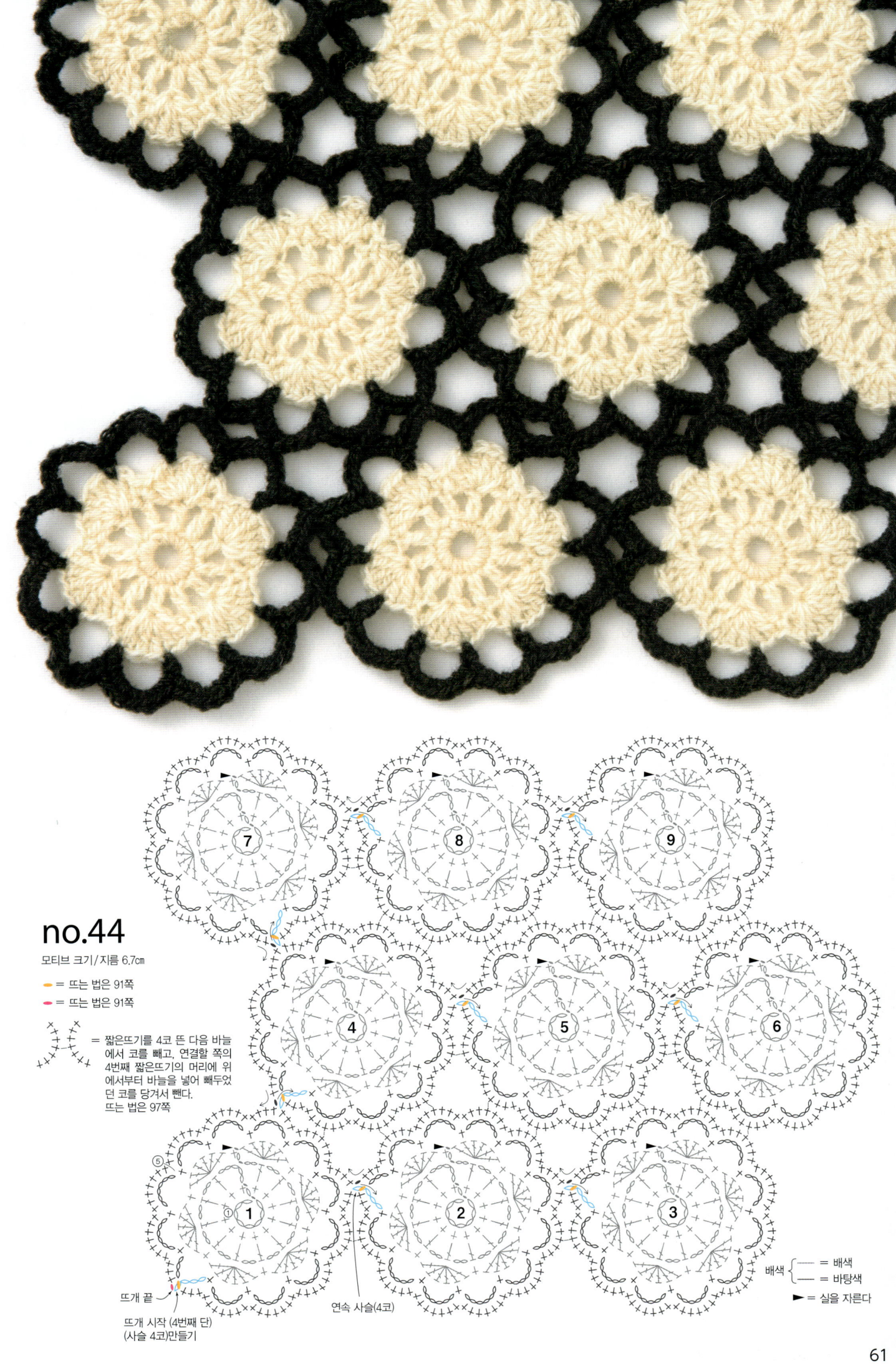

no.44

모티브 크기/지름 6.7cm

- = 뜨는 법은 91쪽
- = 뜨는 법은 91쪽

= 짧은뜨기를 4코 뜬 다음 바늘
에서 코를 빼고, 연결할 쪽의
4번째 짧은뜨기의 머리에 위
에서부터 바늘을 넣어 빼두었
던 코를 당겨서 뺀다.
뜨는 법은 97쪽

뜨개 끝

뜨개 시작 (4번째 단)
(사슬 4코)만들기

연속 사슬(4코)

배색 { = 배색
= 바탕색

▶ = 실을 자른다

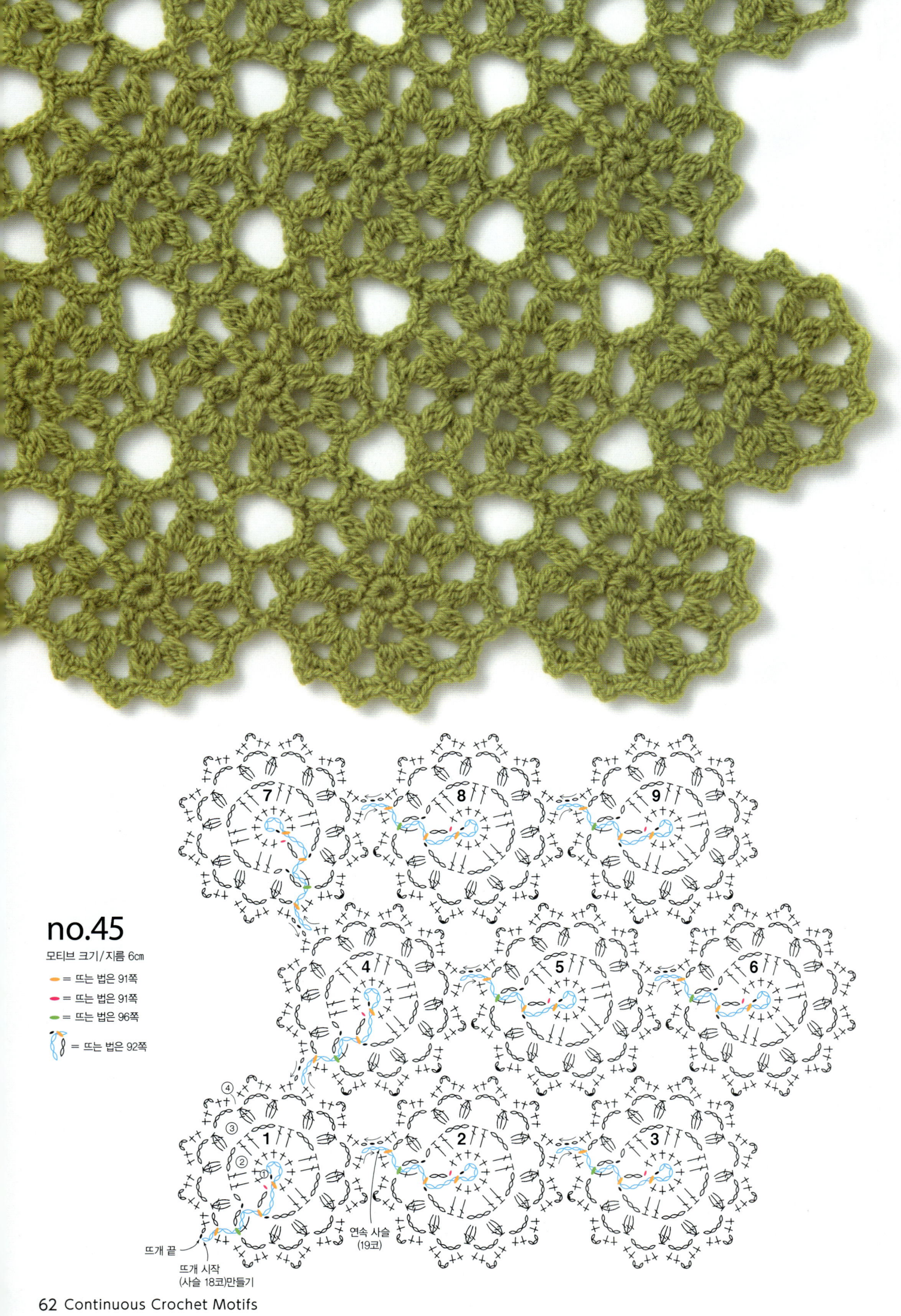

no.45

모티브 크기/지름 6cm

● = 뜨는 법은 91쪽
● = 뜨는 법은 91쪽
● = 뜨는 법은 96쪽
= 뜨는 법은 92쪽

뜨개 끝

뜨개 시작
(사슬 18코)만들기

연속 사슬
(19코)

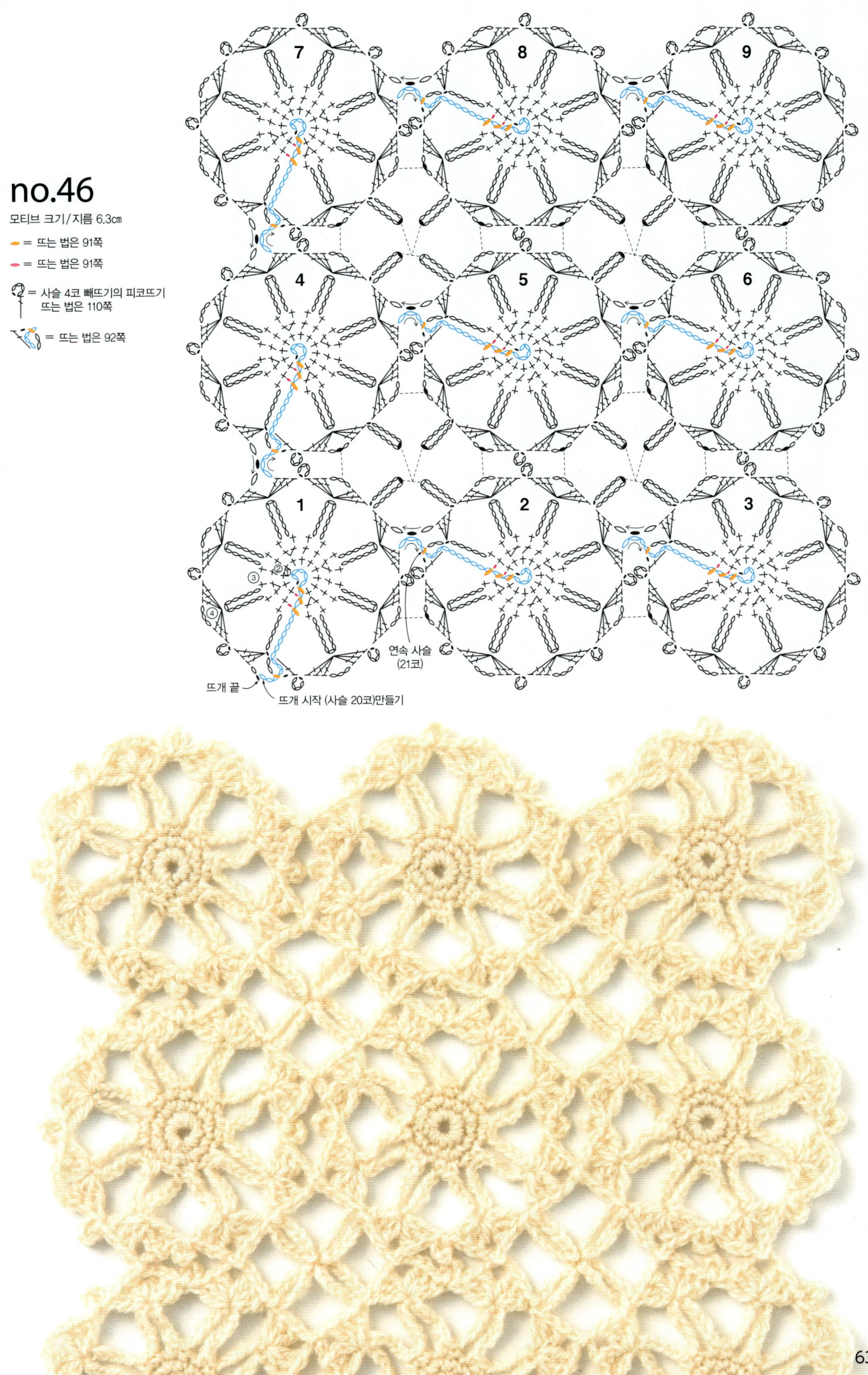

no.46

모티브 크기/지름 6.3cm

- ◆ = 뜨는 법은 91쪽
- ● = 뜨는 법은 91쪽

= 사슬 4코 빼뜨기의 피코뜨기
뜨는 법은 110쪽

= 뜨는 법은 92쪽

뜨개 끝

뜨개 시작 (사슬 20코)만들기

연속 사슬
(21코)

뜨개 끝

뜨개 시작
(사슬 23코)만들기

연속 사슬
(24코)

no.47

모티브 크기 / 지름 8cm

= 뜨는 법은 91쪽
= 뜨는 법은 91쪽

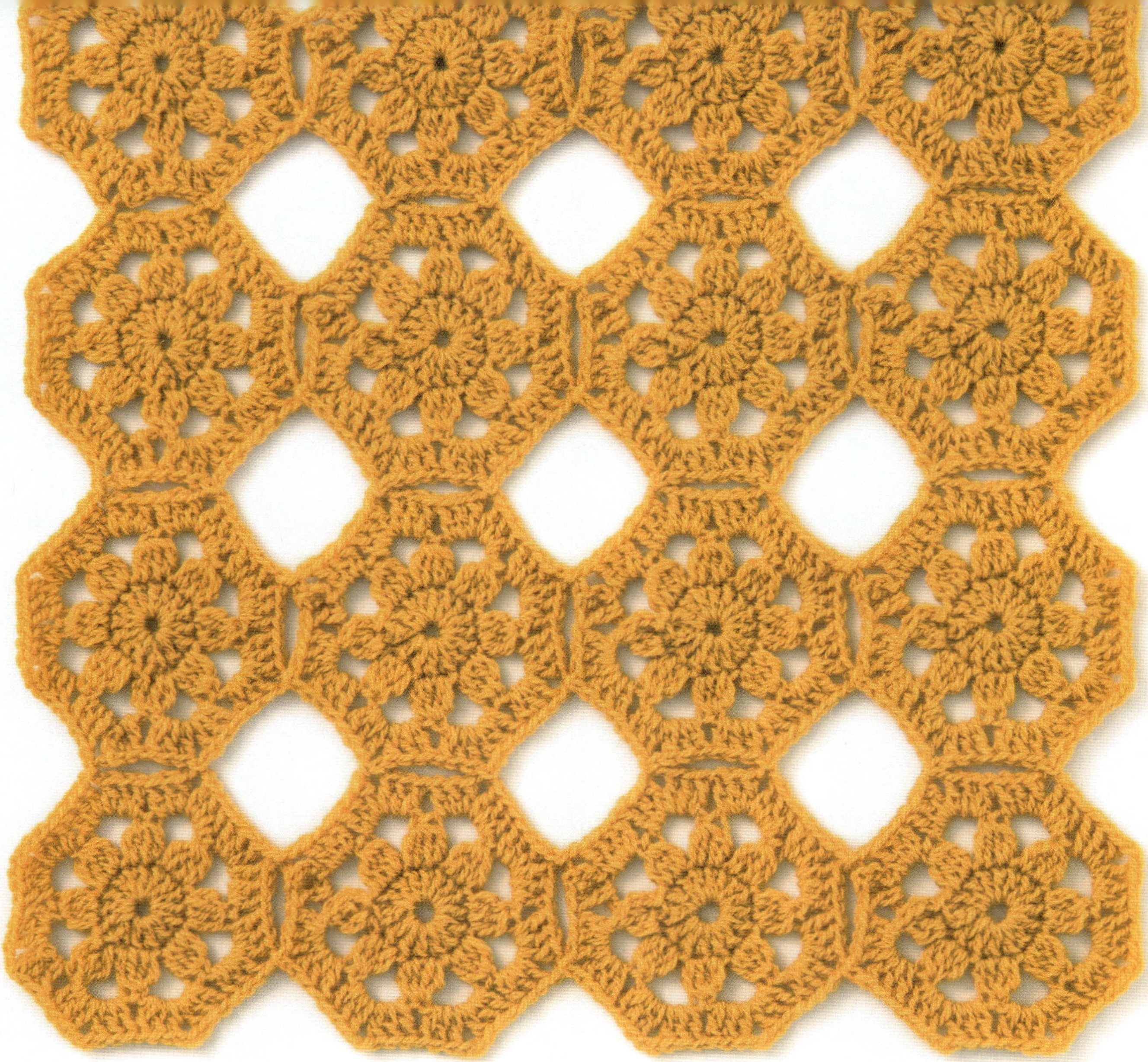

no.48

모티브 크기/지름 6㎝

= 뜨는 법은 91쪽

= 뜨는 법은 96쪽

= 뜨는 법은 92쪽

7
8
9
4
5
6
1
2
3
③
②
①
뜨개 끝
뜨개 시작
(사슬 18코)만들기
연속 사슬
(19코)

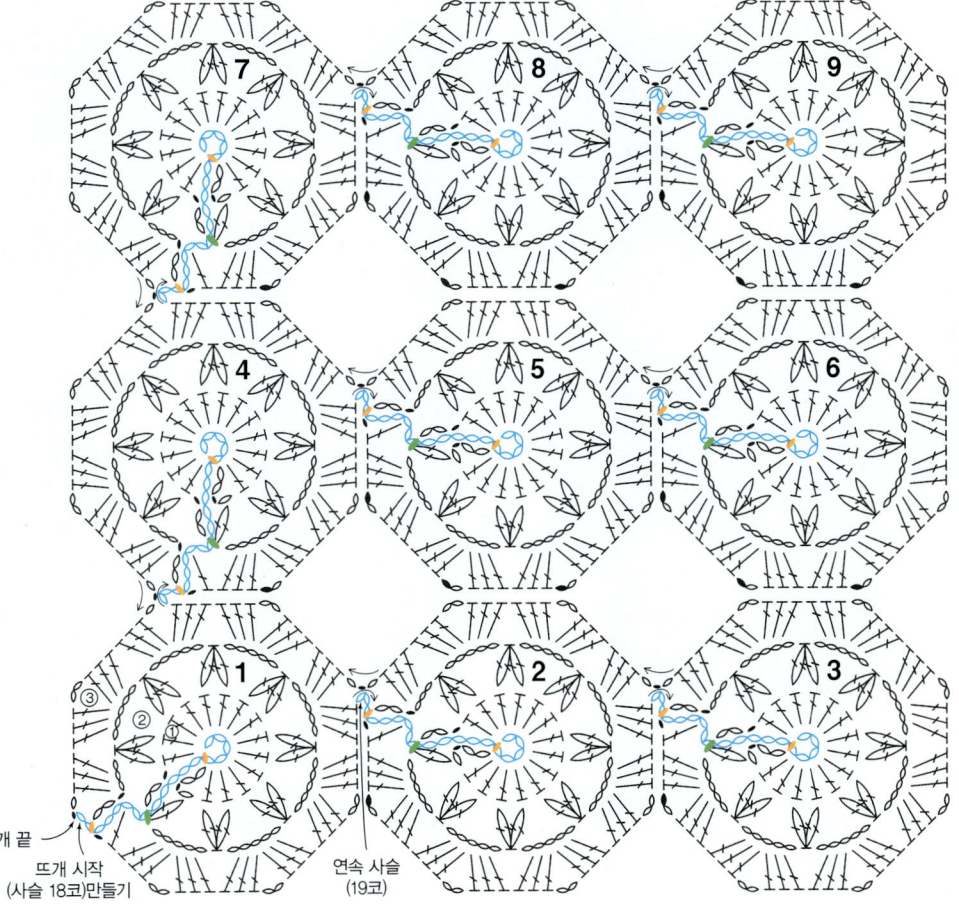

no.49

모티브 크기/지름 6cm

배색 {
─ = 배색
─ = 바탕색

► = 실을 자른다

실을 연결한다
(3번째 단)

뜨개 끝

연속 사슬
(2코)

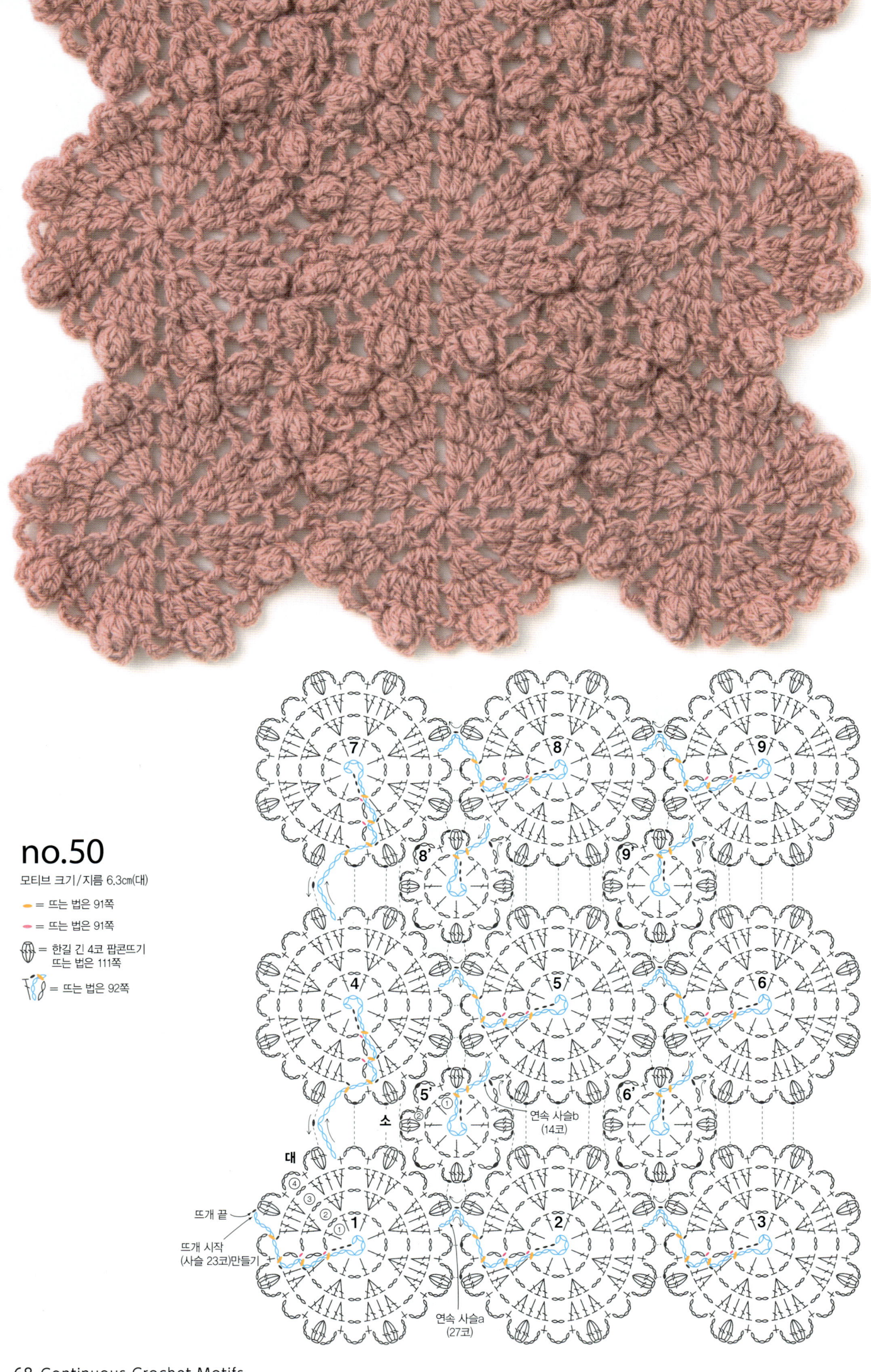

no.50

모티브 크기/지름 6.3cm(대)

- ![icon] = 뜨는 법은 91쪽
- ![icon] = 뜨는 법은 91쪽
- ![icon] = 한길 긴 4코 팝콘뜨기
  뜨는 법은 111쪽
- ![icon] = 뜨는 법은 92쪽

뜨개 끝

뜨개 시작
(사슬 23코)만들기

소

대

연속 사슬b
(14코)

연속 사슬a
(27코)

no.51

모티브 크기／지름 7.6cm(대)

= 뜨는 법은 91쪽
= 뜨는 법은 91쪽
= 뜨는 법은 92쪽

▷ = 실을 연결한다
► = 실을 자른다
※나중에 2번째 단의 고리에 뜬다.

대

소

7 8 9

8' 9'

4 5 6

5' 6'

1 2 3

연속 사슬b
(14코)

연속 사슬a
(24코)

뜨개 끝

뜨개 시작 (사슬 23코)만들기

69

Hexagon

육각형 모티브

육각형 모티브는 연결하기도 쉽고, 가방(→P.4)과 같이 바닥부터 본체로 엇갈리게 연결하면 입체적인 작품으로 만들 수 있어서 쓰임새가 좋은 형태입니다. 가지런히 줄지은 타일처럼 또는 모서리를 살려 꽃처럼 만들 수 있고, 배색으로 인한 이미지 변화도 크답니다.

no.52

모티브 크기/가로 2.3cm 세로 2.7cm

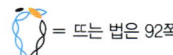 = 뜨는 법은 91쪽

= 뜨는 법은 92쪽

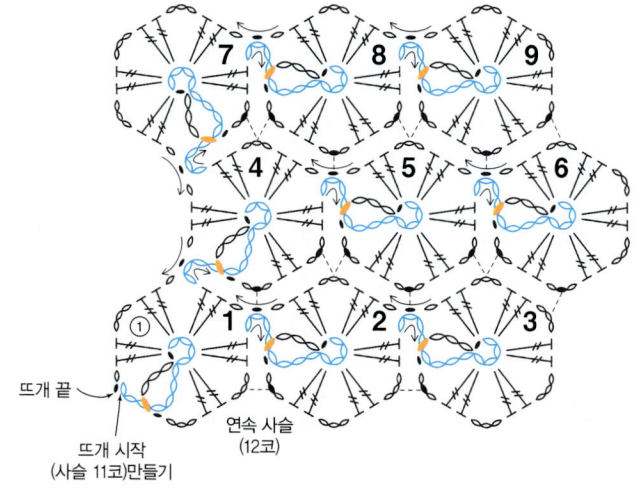

no.53

모티브 크기/가로 5cm 세로 6cm

- = 뜨는 법은 91쪽
- = 뜨는 법은 96쪽
- = 뜨는 법은 91쪽

─┤ ├─ = 한길 긴뜨기를 뜬 다음 바늘에서 코를 빼고, 연결할 쪽의 한길 긴뜨기 머리에 위에서부터 바늘을 넣어 빼두었던 코를 당겨서 뺀다. 뜨는 법은 97쪽

= Y자 뜨기 뜨는 법은 96쪽

※3번째 단의 짧은뜨기는 전단을 감싸면서 전 전단을 뜬다.

뜨개 끝

뜨개 시작 (사슬 14코)만들기

연속 사슬 (14코)

no.54

모티브 크기/가로 5cm 세로 6cm

$\longrightarrow$ = 한길 긴뜨기를 뜬 다음 바늘에서 코를 빼고,
연결할 쪽의 한길 긴뜨기 머리에 위에서부터
바늘을 넣어 빼두었던 코를 당겨서 뺀다.
뜨는 법은 97쪽

$\curlyvee$ = Y자 뜨기
뜨는 법은 96쪽

※3번째 단의 짧은뜨기는 전단을
감싸면서 전 전단에 뜬다.

배색 { ——— = 배색
        —— = 바탕색
$\blacktriangleright$ = 실을 자른다

뜨개 끝

실을 연결한다
(3번째 단)

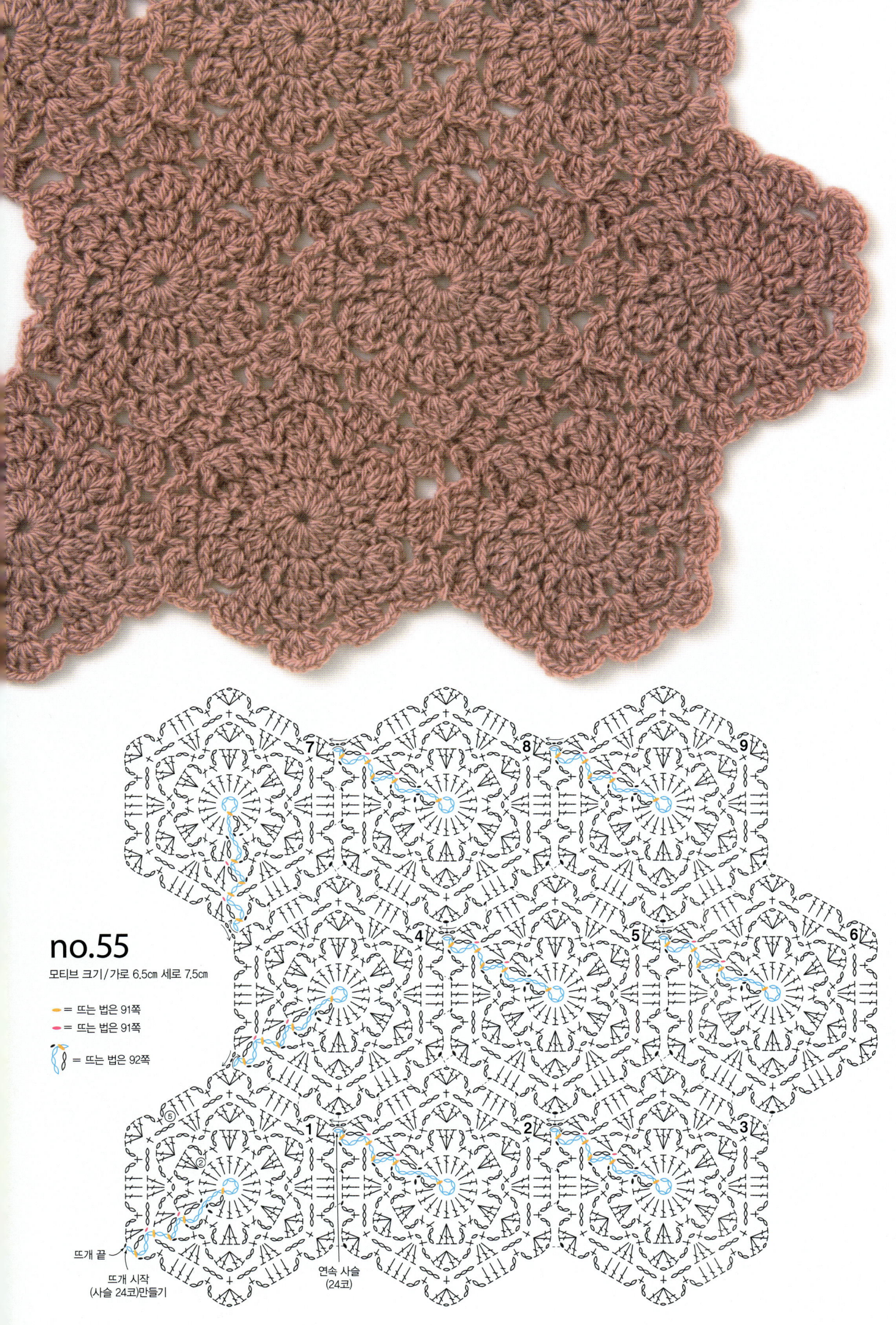

no.55

모티브 크기/가로 6.5㎝ 세로 7.5㎝

- = 뜨는 법은 91쪽
- = 뜨는 법은 91쪽
- = 뜨는 법은 92쪽

뜨개 끝
뜨개 시작
(사슬 24코)만들기
연속 사슬
(24코)

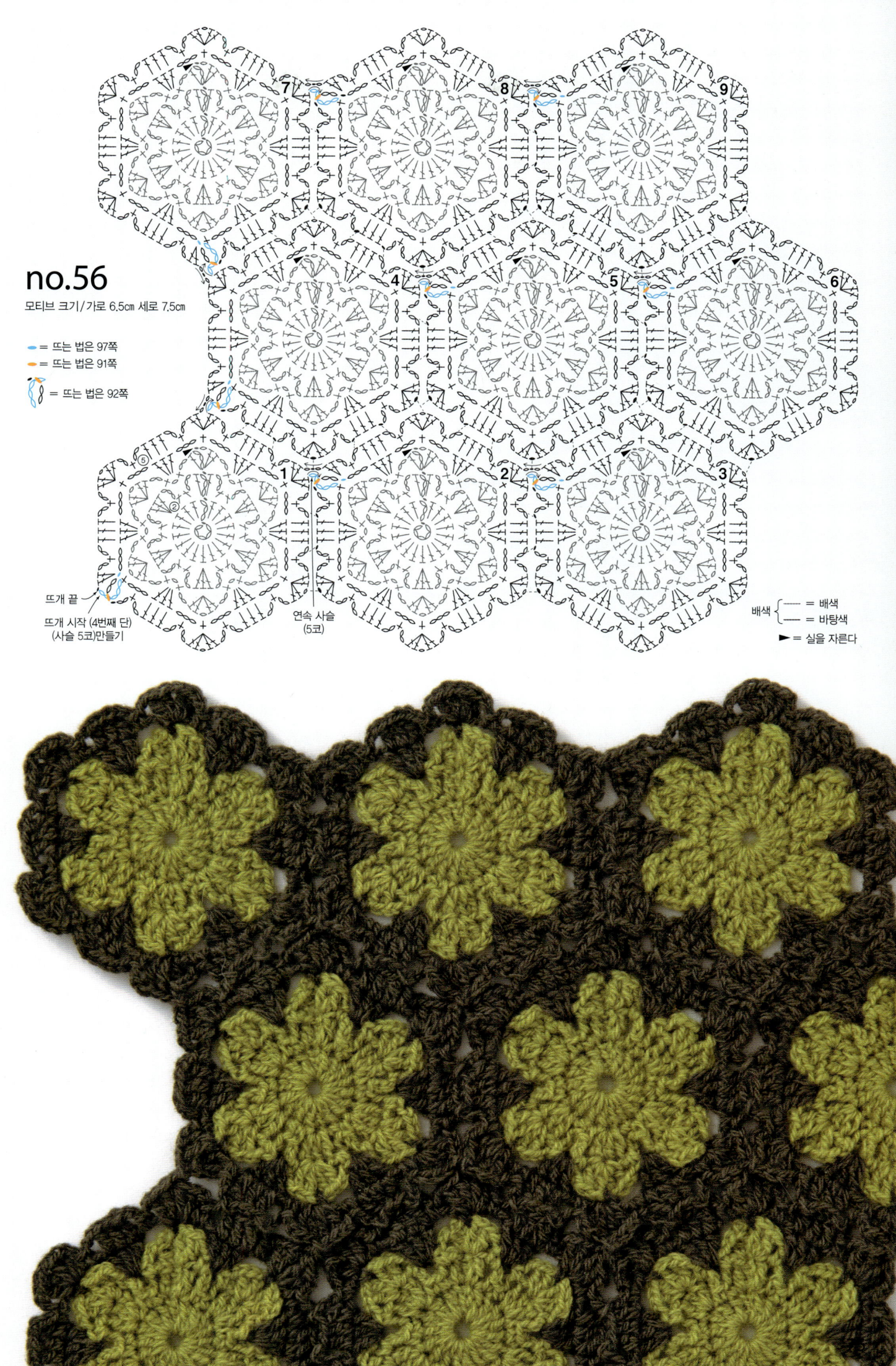

no.56

모티브 크기 / 가로 6.5cm 세로 7.5cm

- = 뜨는 법은 97쪽
- = 뜨는 법은 91쪽
- = 뜨는 법은 92쪽

뜨개 끝
뜨개 시작 (4번째 단)
(사슬 5코)만들기

연속 사슬
(5코)

배색 {
= 배색
= 바탕색
► = 실을 자른다

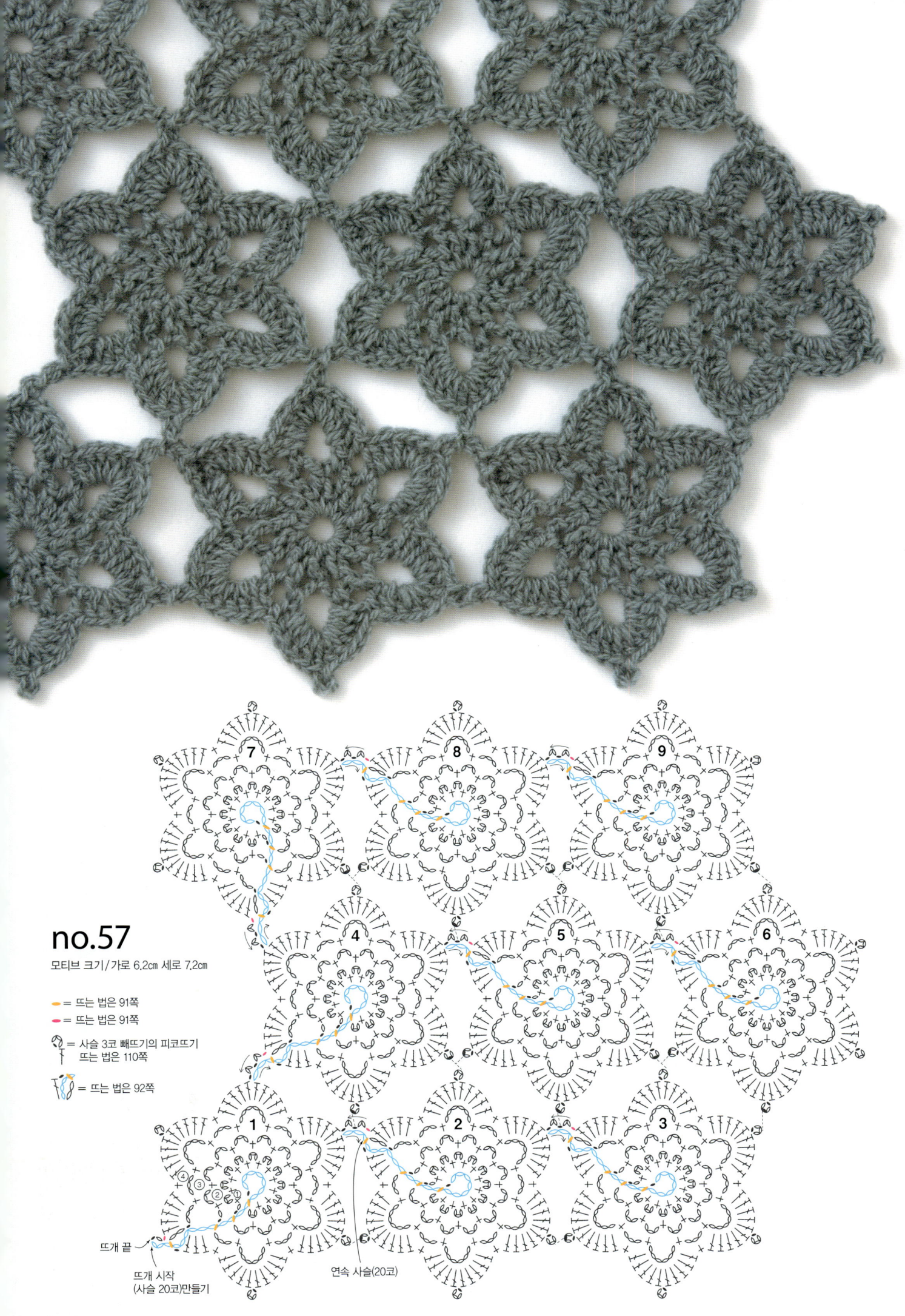

no.57

모티브 크기/가로 6.2cm 세로 7.2cm

= 뜨는 법은 91쪽
= 뜨는 법은 91쪽

= 사슬 3코 빼뜨기의 피코뜨기
  뜨는 법은 110쪽

= 뜨는 법은 92쪽

뜨개 끝
뜨개 시작
(사슬 20코)만들기

연속 사슬(20코)

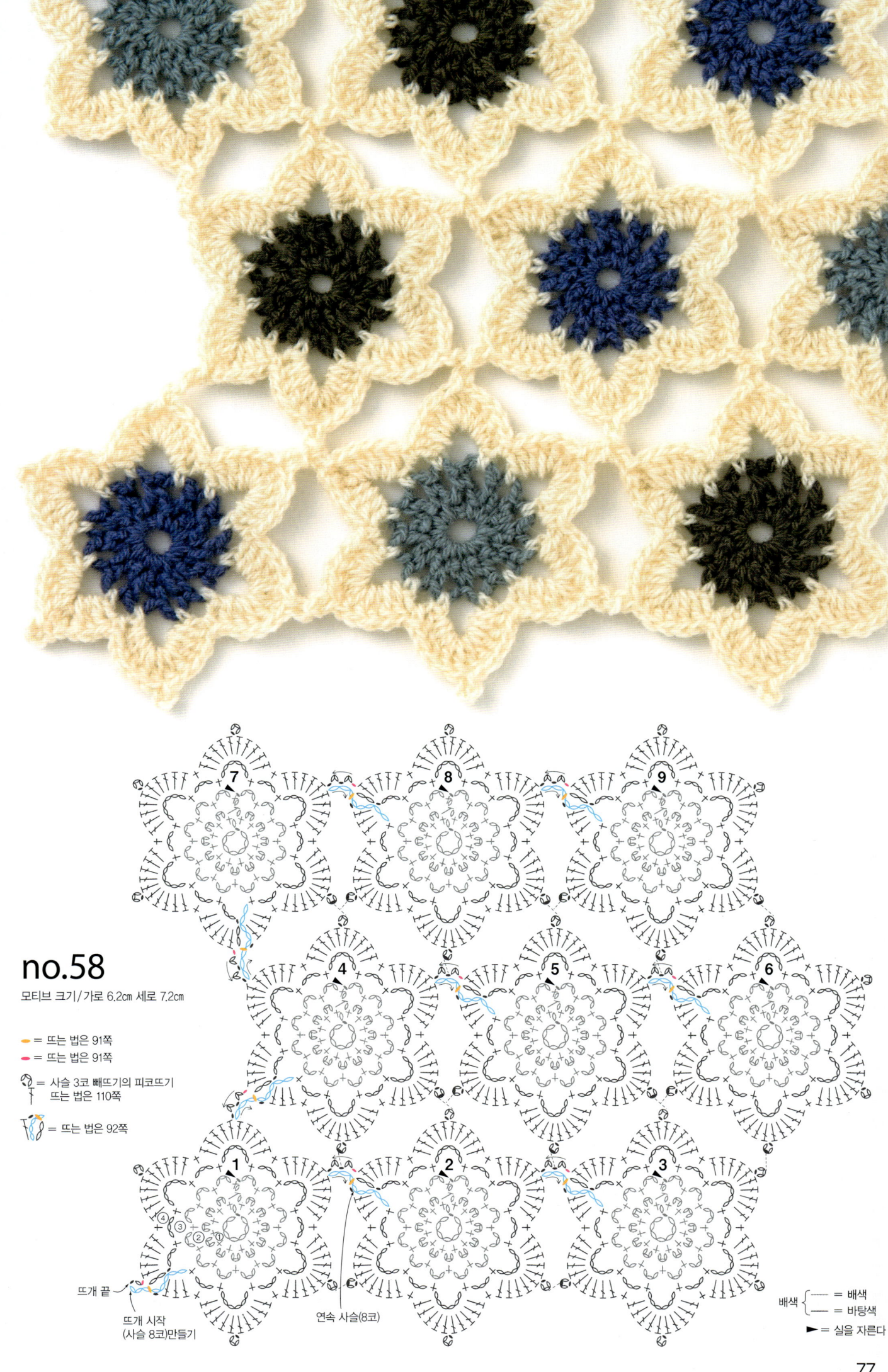

no.58

모티브 크기 / 가로 6.2cm 세로 7.2cm

● = 뜨는 법은 91쪽
● = 뜨는 법은 91쪽

= 사슬 3코 빼뜨기의 피코뜨기
뜨는 법은 110쪽

= 뜨는 법은 92쪽

뜨개 끝

뜨개 시작
(사슬 8코)만들기

연속 사슬(8코)

배색 { = 배색
= 바탕색

► = 실을 자른다

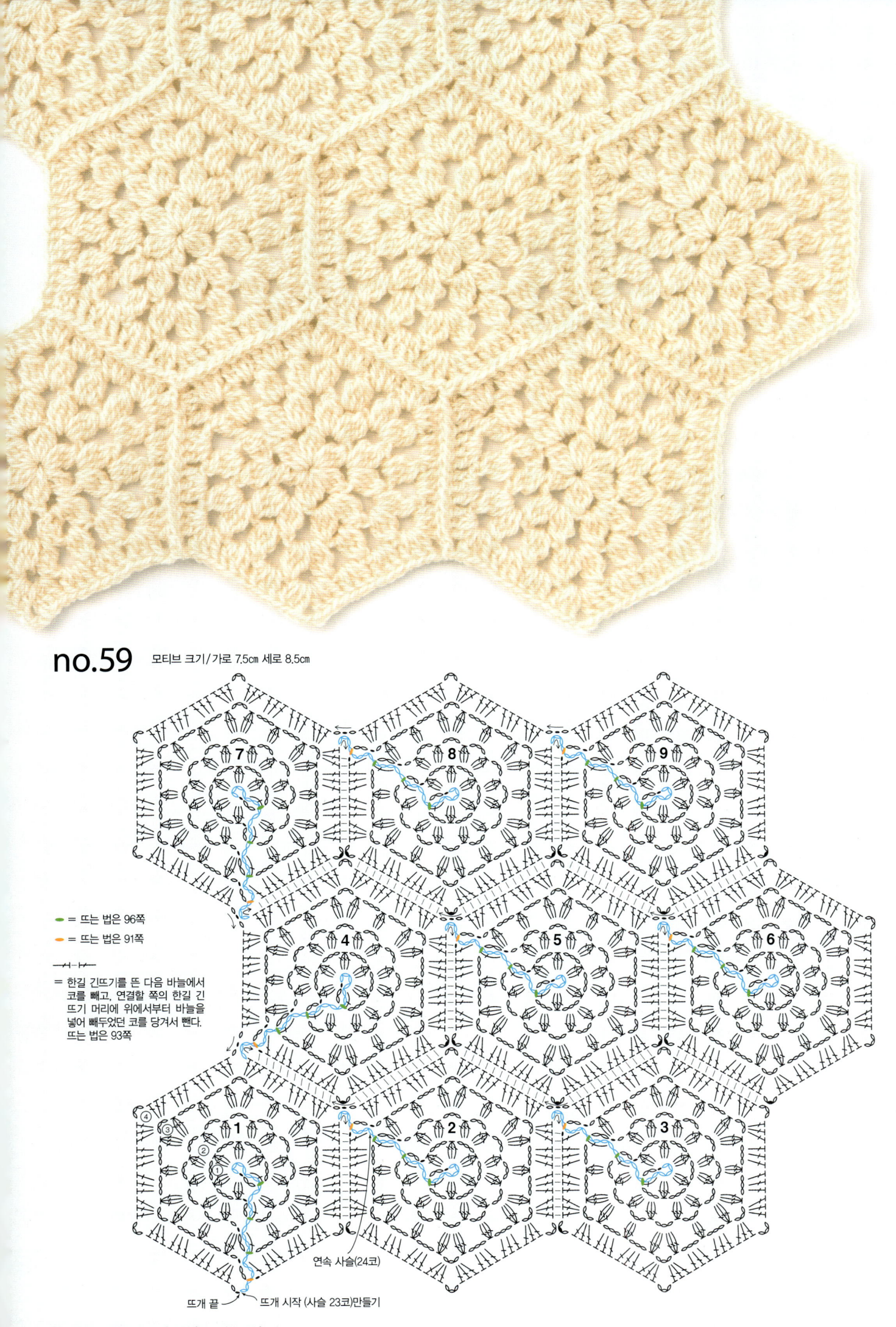

no.59 모티브 크기 / 가로 7.5cm 세로 8.5cm

= 뜨는 법은 96쪽
= 뜨는 법은 91쪽

= 한길 긴뜨기를 뜬 다음 바늘에서 코를 빼고, 연결할 쪽의 한길 긴 뜨기 머리에 위에서부터 바늘을 넣어 빼두었던 코를 당겨서 뺀다. 뜨는 법은 93쪽

연속 사슬(24코)

뜨개 끝   뜨개 시작 (사슬 23코)만들기

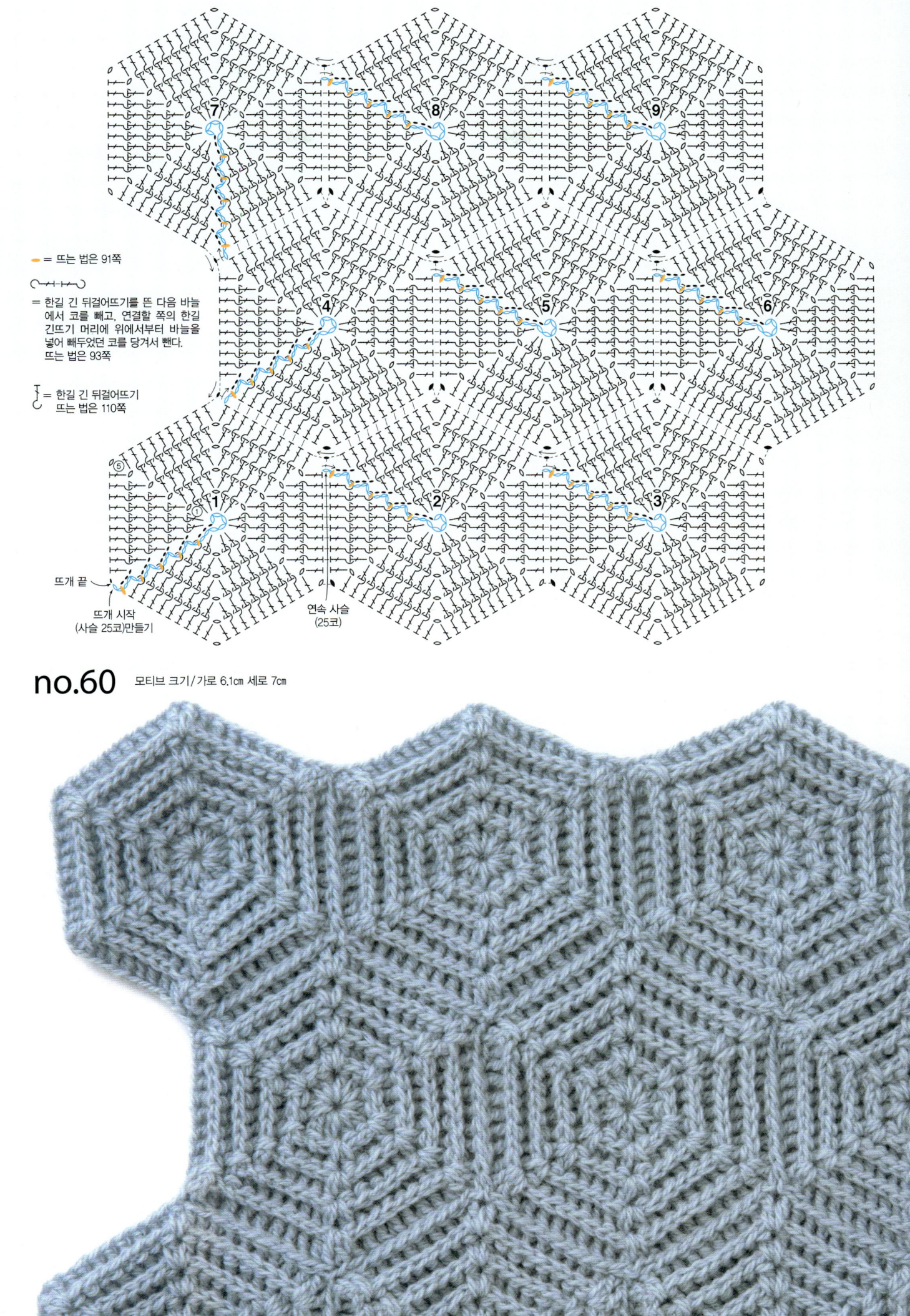

= 뜨는 법은 91쪽

= 한길 긴 뒤걸어뜨기를 뜬 다음 바늘
에서 코를 빼고, 연결할 쪽의 한길
긴뜨기 머리에 위에서부터 바늘을
넣어 빼두었던 코를 당겨서 뺀다.
뜨는 법은 93쪽

= 한길 긴 뒤걸어뜨기
뜨는 법은 110쪽

뜨개 끝

뜨개 시작
(사슬 25코)만들기

연속 사슬
(25코)

no.60   모티브 크기/가로 6.1cm 세로 7cm

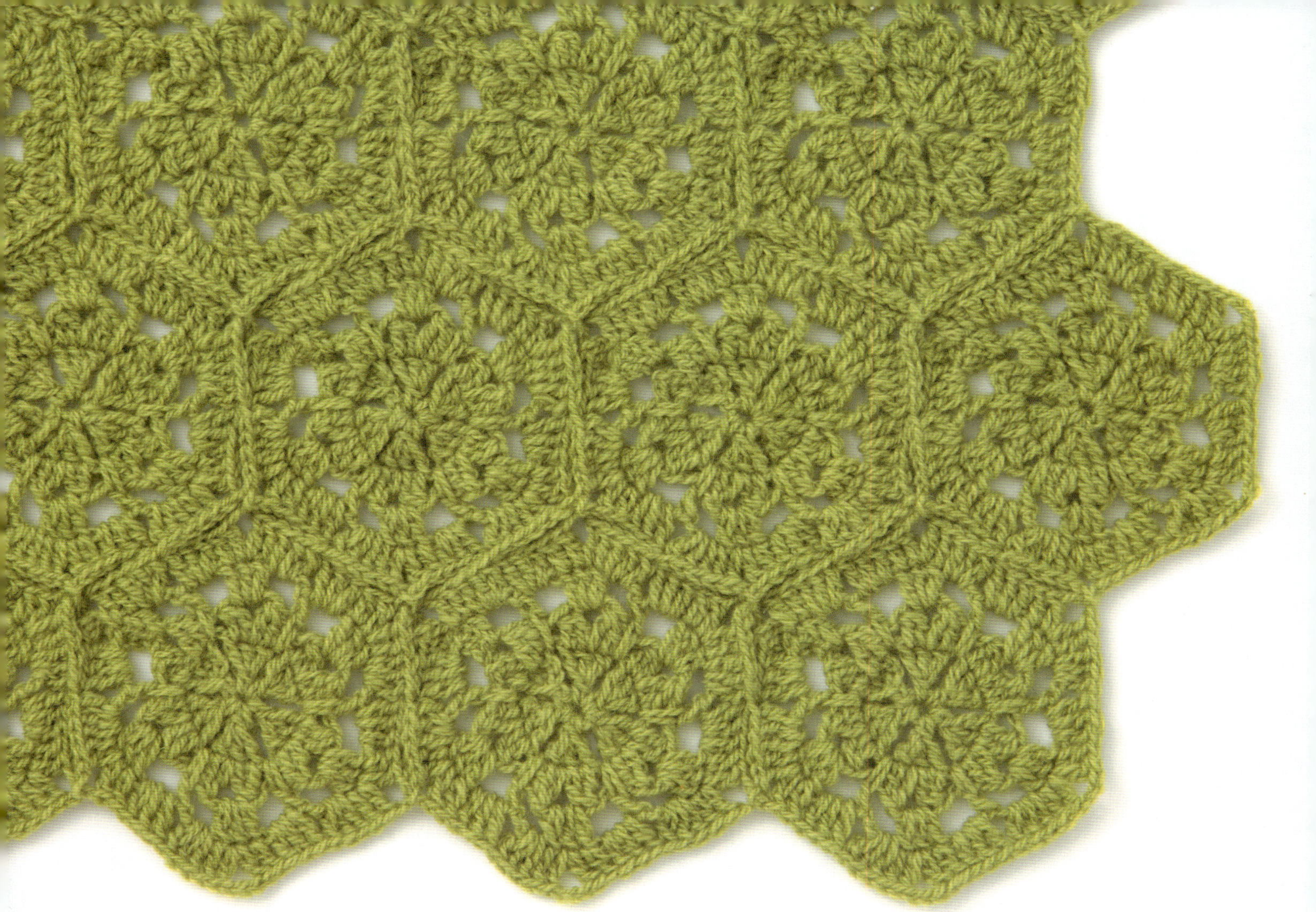

no.61　모티브 크기 / 가로 6.3cm 세로 7cm

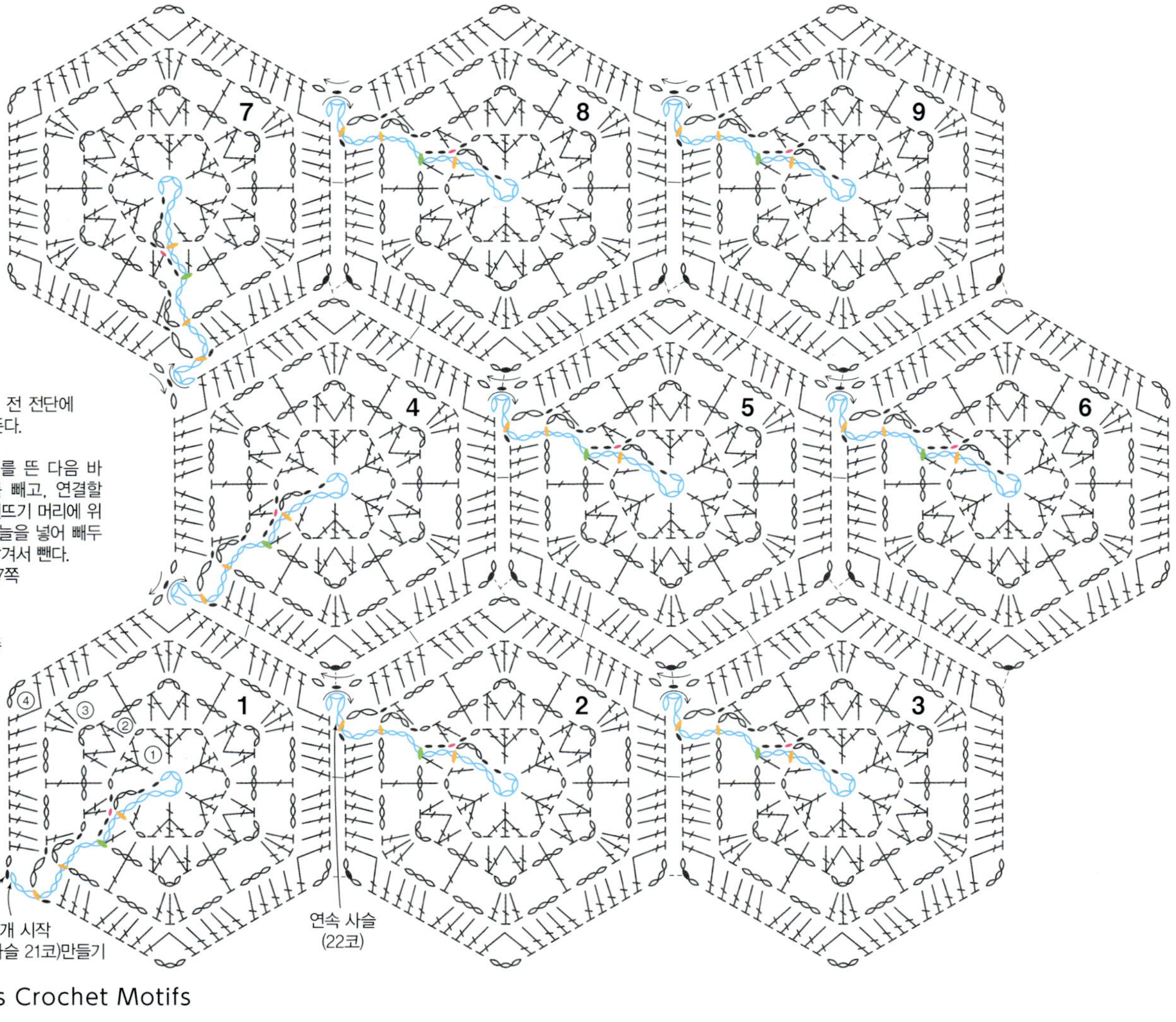

- ●— = 뜨는 법은 91쪽
- ●— = 뜨는 법은 96쪽
- ●— = 뜨는 법은 91쪽

⊥ = 전단을 감싸면서 전 전단에 한길 긴뜨기를 뜬다.

—┼┼┼— = 한길 긴뜨기를 뜬 다음 바늘에서 코를 빼고, 연결할 쪽의 한길 긴뜨기 머리에 위에서부터 바늘을 넣어 빼두었던 코를 당겨서 뺀다. 뜨는 법은 97쪽

Y = Y자 뜨기 뜨는 법은 96쪽

뜨개 끝

뜨개 시작 (사슬 21코)만들기

연속 사슬 (22코)

no.62 　모티브 크기／가로 6.3㎝ 세로 7㎝

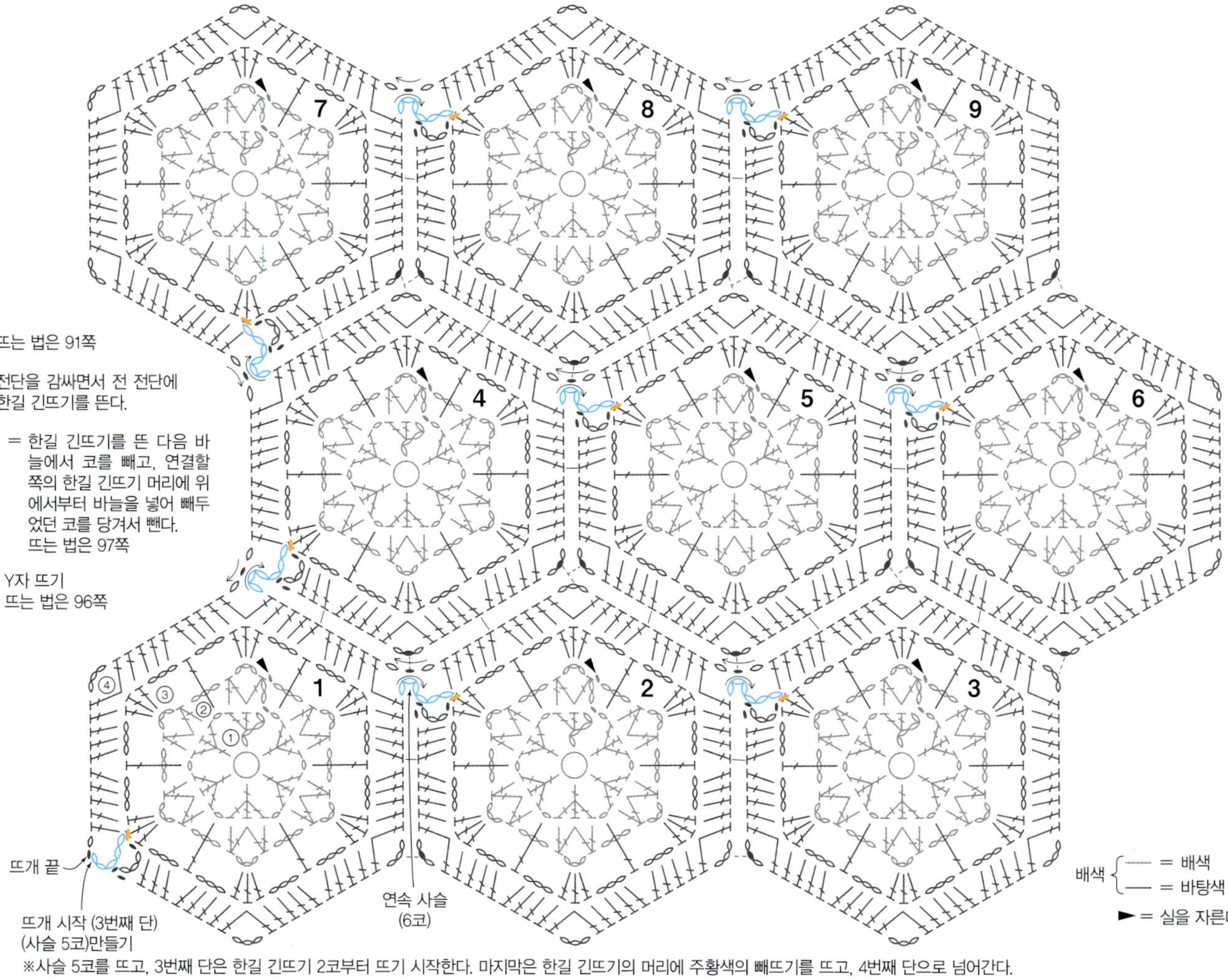

● = 뜨는 법은 91쪽

= 전단을 감싸면서 전 전단에 한길 긴뜨기를 뜬다.

= 한길 긴뜨기를 뜬 다음 바늘에서 코를 빼고, 연결할 쪽의 한길 긴뜨기 머리에 위에서부터 바늘을 넣어 빼두었던 코를 당겨서 뺀다.
뜨는 법은 97쪽

= Y자 뜨기
뜨는 법은 96쪽

7　8　9

4　5　6

④ ③ ②
①
1　2　3

뜨개 끝

뜨개 시작 (3번째 단)
(사슬 5코)만들기

연속 사슬
(6코)

배색 ⎰ —— = 배색
　　⎱ —— = 바탕색

► = 실을 자른다

※사슬 5코를 뜨고, 3번째 단은 한길 긴뜨기 2코부터 뜨기 시작한다. 마지막은 한길 긴뜨기의 머리에 주황색의 빼뜨기를 뜨고, 4번째 단으로 넘어간다.

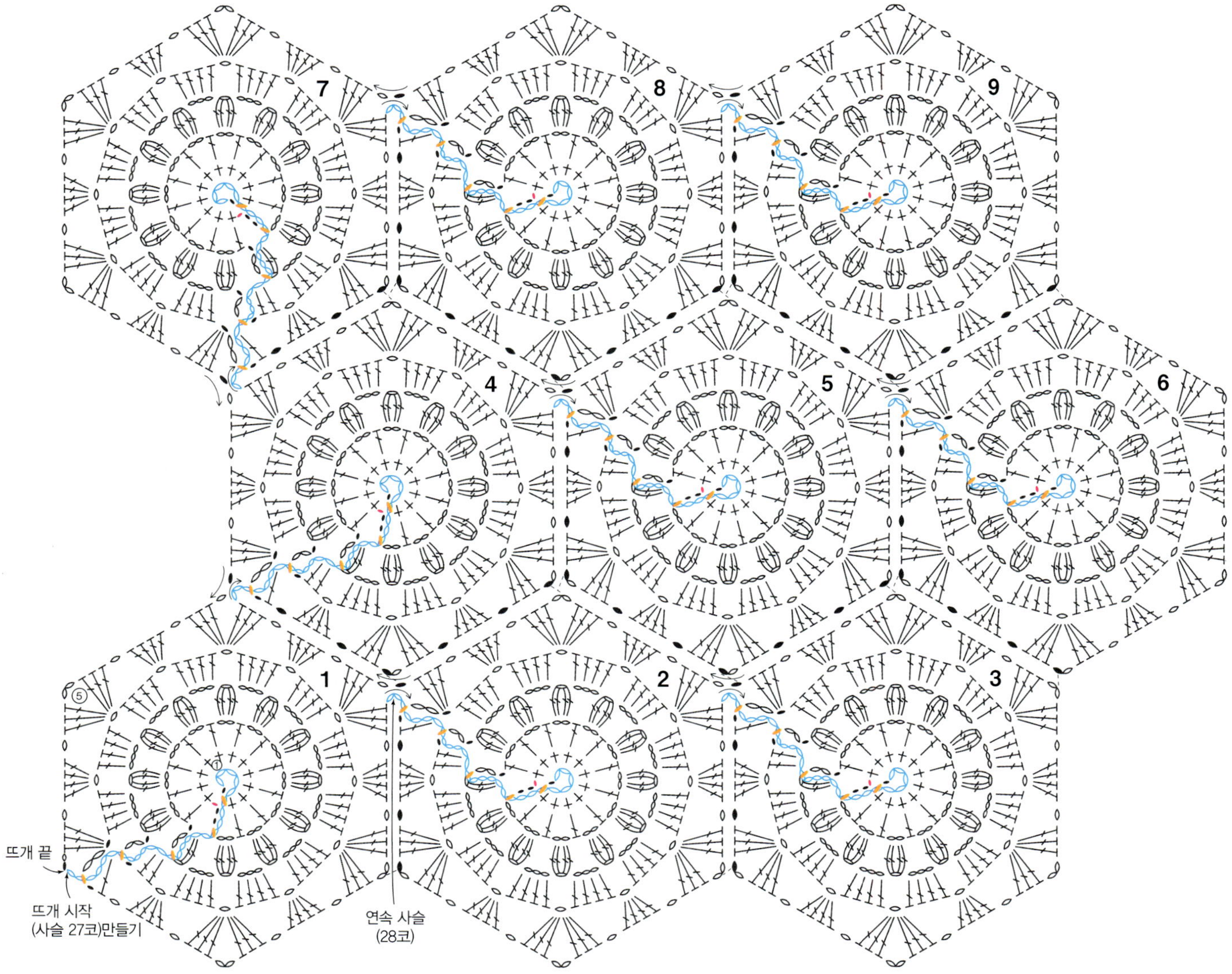

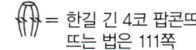

7
8
9
4
5
6
1
2
3
⑤
①
뜨개 끝
뜨개 시작
(사슬 27코)만들기
연속 사슬
(28코)

no.63

모티브 크기 / 가로 7㎝ 세로 8㎝

- = 뜨는 법은 91쪽
- = 뜨는 법은 91쪽

= 한길 긴 4코 팝콘뜨기
뜨는 법은 111쪽

= 뜨는 법은 92쪽

= 한길 긴뜨기 2코를 뜬 다음 코를 바늘에서 빼고
주황색의 빼뜨기에 바늘을 넣어, 빼두었던 코를
당겨서 빼고, 다시 사슬 1코를 뜬다

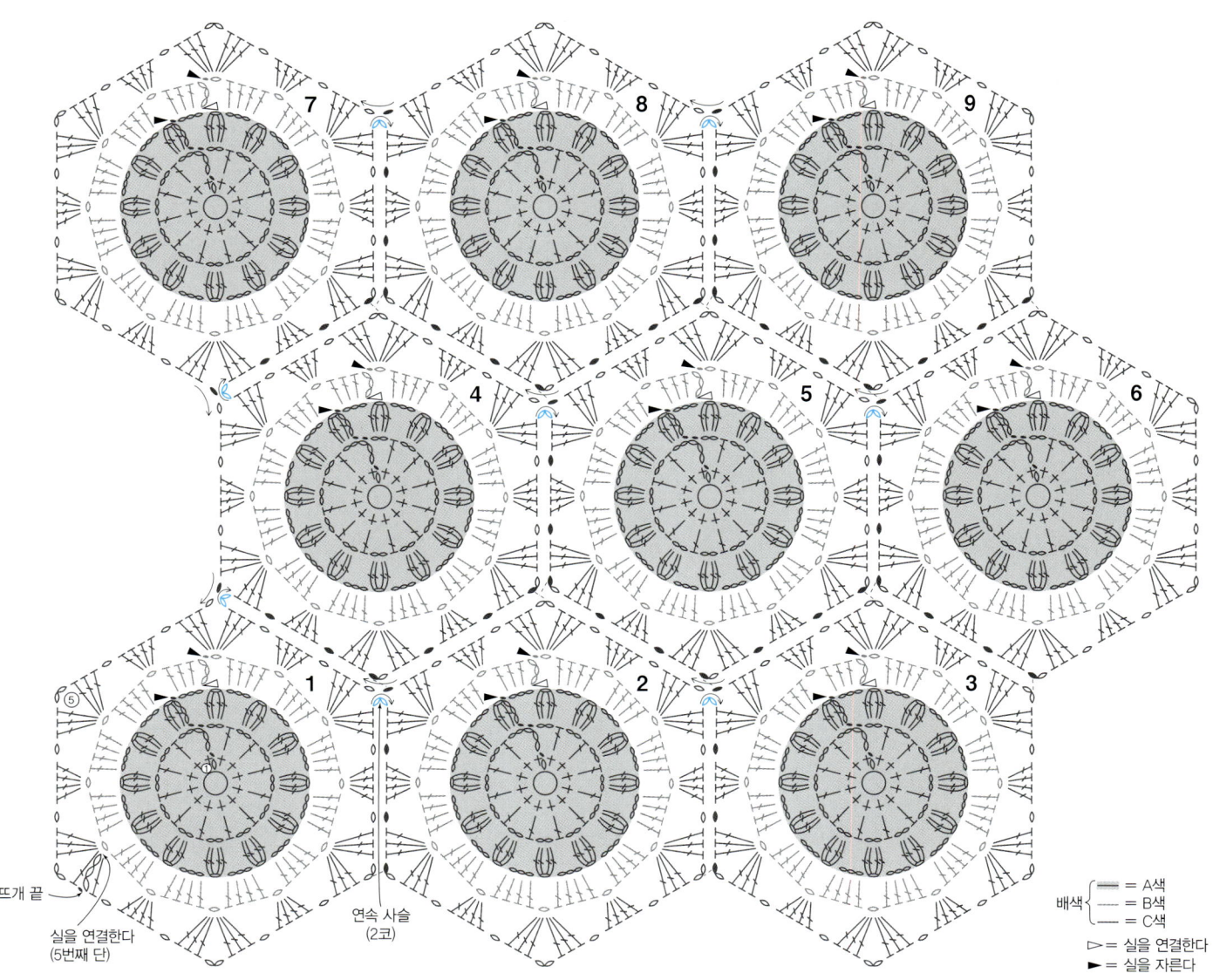

실을 연결한다
(5번째 단)

뜨개 끝

연속 사슬
(2코)

배색 {
= A색
= B색
= C색
▷ = 실을 연결한다
► = 실을 자른다

no.64 <small>(no.63의 배색)</small>

모티브 크기 / 가로 7cm 세로 8cm

= 한길 긴 4코 팝콘뜨기
뜨는 법은 111쪽

no.65

모티브 크기 / 가로 7.8cm 세로 9cm

○— = 뜨는 법은 91쪽

= 뜨는 법은 92쪽

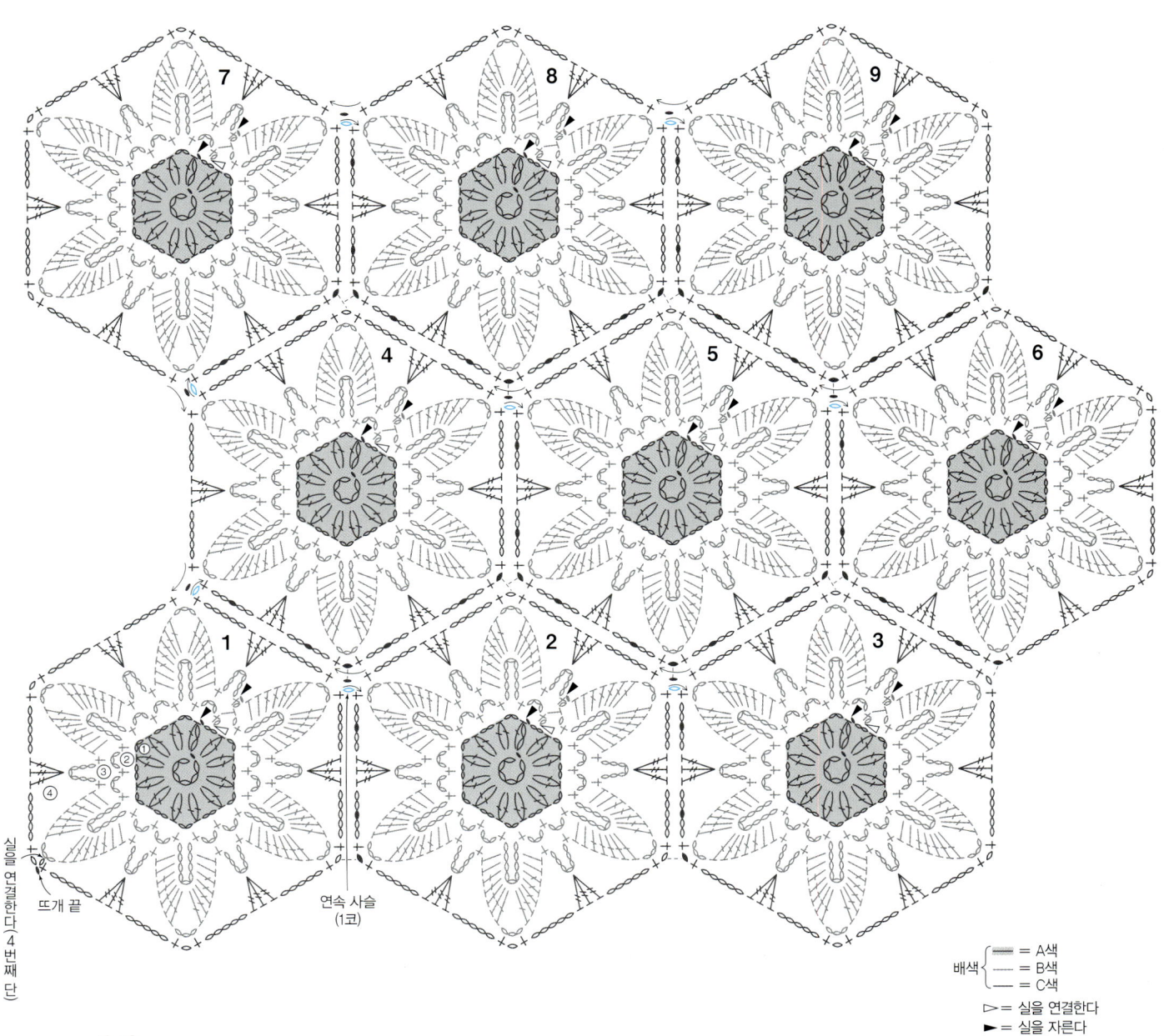

실을 연결한다(4번째 단)

뜨개 끝

연속 사슬 (1코)

배색 { = A색
= B색
= C색 }

▷ = 실을 연결한다
► = 실을 자른다

no.66 (no.65의 배색)

모티브 크기 / 가로 7.8cm 세로 9cm

Lesson

연속 모티브 뜨는 법 레슨

연속 모티브를 뜨기 전에 알아두면 좋은 기본 테크닉을 no.12 모티브로 설명합니다.
기호 도안에 표시된 주황색이나 분홍색의 빼뜨기 의미, 이웃하는 모티브로 이동하기 위한 실 옮기는 법,
예쁘게 완성하기 위한 기초와 요령을 뜨면서 확인해보세요.

[no.12 모티브 뜨는 법]

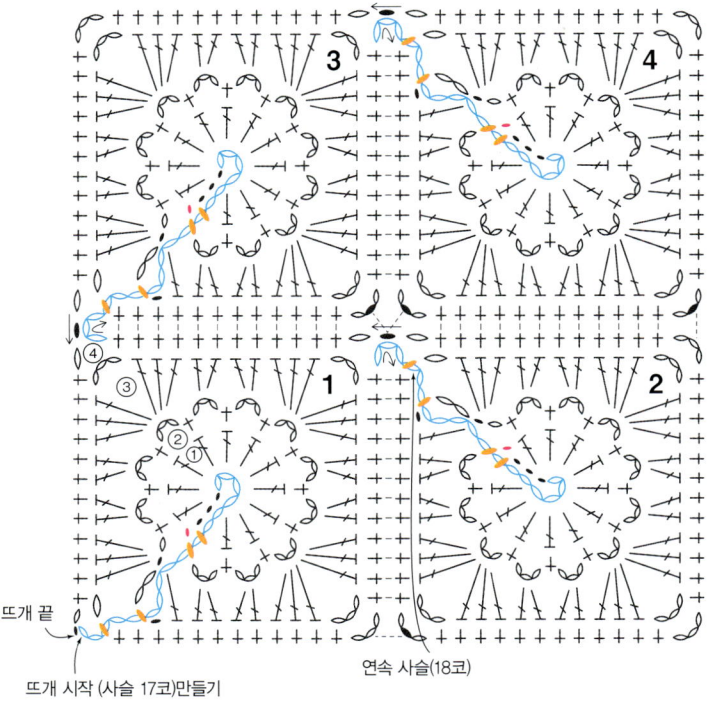

뜨개 끝

뜨개 시작 (사슬 17코)만들기

연속 사슬(18코)

● 뜨개 시작
　연속 사슬에 **빼뜨기** 뜨는 법

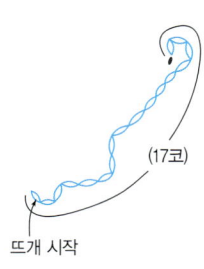

(17코)

뜨개 시작

사슬 17코

1 뜨개 시작의 연속 사슬은 중심의 원을 향해 17코를 만듭니다. 바늘에서부터 4번째 사슬의 반 코와 코산에 화살표와 같이 바늘을 넣습니다.

2 실을 걸어 빼뜨기를 뜹니다.

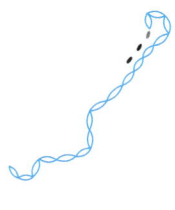

3 사슬 3코의 원이 만들어졌습니다. 이어서 같은 방법으로 사슬 2코에 빼뜨기를 뜹니다.

4 빼뜨기 2코를 떴습니다.

● 주황색의 빼뜨기 뜨는 법
  (연속 사슬을 넘어가는 빼뜨기)

5 다음 사슬에 빼뜨기(━)를 뜬 다음 뜨던 실을 사슬 밑으로 통과시킵니다. 이 사슬 3코 분량을 한길 긴뜨기 1코분으로 생각합니다.

6 뜨개 시작의 연속 사슬 밑을 통과시킨 실로 중심의 사슬 원에 기호 도안대로 한길 긴뜨기를 뜹니다.

● 분홍색의 빼뜨기 뜨는 법
  (연속 사슬에 뜬 빼뜨기에 다시 뜨는 빼뜨기)

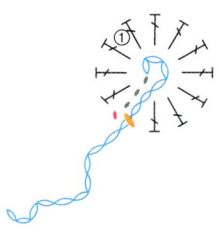

7 중심의 사슬 원에 한길 긴뜨기를 11코 떴습니다. 주황색 빼뜨기의 1가닥과 연속 사슬 1가닥에 바늘을 넣고,

8 실을 걸어 빼뜨기(━)를 뜹니다.

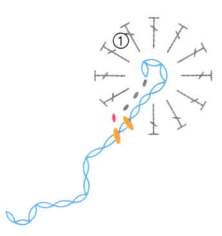

9 1번째 단을 떴습니다.

10 2번째 단. 다음 사슬에 빼뜨기(━)를 뜨고, 실을 화살표와 같이 연속 사슬 밑을 지나게 합니다.

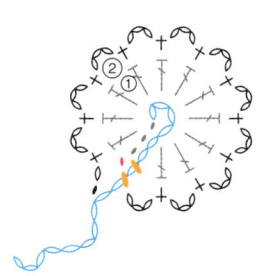

11 사슬 3코를 뜨고, 전단의 한길 긴뜨기의 머리에 짧은뜨기를 뜹니다.

12 11을 10번 더 반복합니다.

13 마지막은 사슬 1코를 뜨고, 연속 사슬에 일반적인 빼뜨기를 1코 뜹니다.

14 2번째 단을 떴습니다.

91

Lesson

● 한길 긴뜨기 3코를 다발에 뜨기 (중심의 한길 긴뜨기가 연속 사슬인 경우) ※'다발에 뜨기'=코를 가르지 않고 공간에 바늘을 푹 넣어서 뜨기

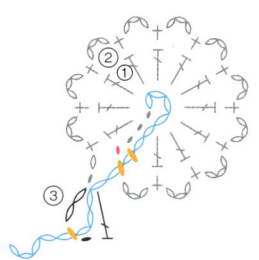

15 3번째 단. 사슬 2코를 뜨고, 연속 사슬을 3코 건너뛴 다음 주황색의 빼뜨기를 뜹니다.

16 실을 연속 사슬 밑으로 통과시킵니다.

17 한길 긴뜨기 3코의 중심 코가 연속 사슬이 됩니다. 한길 긴뜨기의 머리가 되는 사슬에 빼뜨기를 뜹니다.

18 빼뜨기를 떠서 한길 긴뜨기 2코분이 떠졌습니다. 빡빡해지지 않도록 주의합니다.

19 그다음 한길 긴뜨기는 전단의 사슬 다발에 뜹니다. 이후는 기호 도안을 따라서 뜹니다.

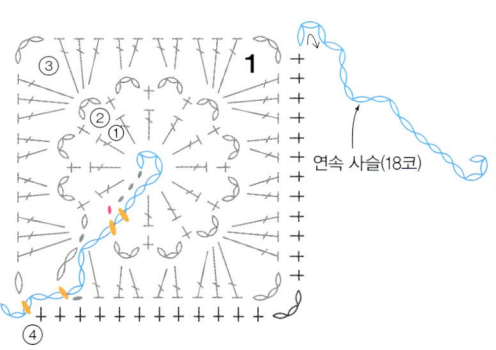

연속 사슬(18코)

20 3번째 단의 마지막은 연속 사슬을 1코 건너 뛰고 주황색의 빼뜨기를 뜹니다.

21 4번째 단. 실을 연속 사슬 밑으로 통과시키고, 1번째 짧은뜨기를 다발에 뜹니다.

22 3번째 단의 주황색 빼뜨기 부분은 분홍색 빼뜨기와 같은 요령으로 화살표와 같이 바늘을 넣고 짧은뜨기를 뜹니다.

23 빼뜨기에서는 머리의 실 2가닥을 줍고, 그 다음에는 한길 긴뜨기 머리의 사슬 2가닥을 주워 짧은뜨기를 뜹니다.

사슬 18코

24 2변을 떴으면 다음 모티브의 연속 사슬 18코로 넘어갑니다. 1번째 장과 같이 2번째 장의 모티브를 뜹니다.

● 짧은뜨기의 머리로 1번째 장의 모티브와 잇기

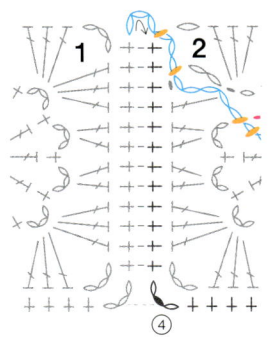

※알아보기 쉽게 2번째 장의 모티브의 실 색상을 바꾸었습니다.

25 2번째 장의 4번째 단. 주황색의 빼뜨기를 뜨고, 연속 사슬이 꼬이지 않게 주의해 1번째 장의 4번째 단과 연결하면서 뜹니다.

26 바늘에서 잠시 코를 뺍니다. 연속 사슬의 아래에서 바늘을 다시 넣고, 빼두었던 코를 당겨서 뺍니다.

27 1번째 장의 연결하려는 짧은뜨기 머리의 실 2가닥에 화살표와 같이 바늘을 넣고,

28 2번째 장 모서리의 사슬뜨기 다발에 바늘을 넣어 실을 걸어서 뺀 다음

29 바늘에 걸려 있는 고리를 한 번에 빼서 짧은뜨기를 뜹니다.

30 짧은뜨기의 1번째 코를 서로 연결했습니다. 마찬가지로 1번째 장, 2번째 장 순으로 바늘을 넣고 짧은뜨기를 뜹니다.

31 모티브를 이으면서 짧은뜨기를 3코 떴습니다. 같은 방법으로 떠갑니다.

32 1변 12코의 짧은뜨기를 서로 이었습니다. 그 상태에서 모서리의 사슬 1코를 뜹니다.

● 모서리의 빼뜨기 뜨는 법

33 1번째 장의 사슬 3코의 다발에 화살표와 같이 위에서부터 바늘을 넣고,

34 실을 걸어서 뺍니다.

35 빼뜨기로 모서리를 연결했습니다. 이어서 3번째 코의 사슬, 짧은뜨기를 뜹니다.

Lesson

● 2번째 장에서 1번째 장으로 되돌아오는 빼뜨기

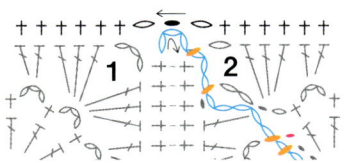

36 2번째 장의 4번째 단을 모두 뜨고, 1번째 장으로 돌아오는 부분입니다. 사슬 1코를 떴으면 화살표와 같이

37 연속 사슬을 다발로 주워

38 빼뜨기를 뜹니다. 연속 사슬의 모서리가 연결되었습니다. 이어서 1번째 장의 3번째 변을 뜹니다.

● 3번째 장 모서리의 빼뜨기

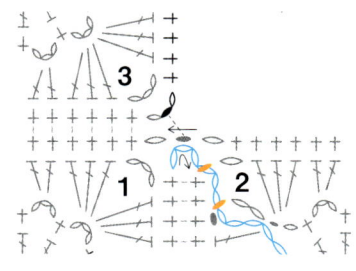

39 3번째 장 모서리의 빼뜨기 위치입니다.

40 2번째 장의 빼뜨기 머리의 실 2가닥에 화살표와 같이 바늘을 넣습니다.

41 실을 걸어 빼서, 빼뜨기로 연결합니다.

42 3번째 장의 모서리가 연결되었습니다. 사슬 1코를 뜨고, 이어서 3번째 장의 2번째 변을 뜹니다.

● 4번째 장 모서리의 빼뜨기

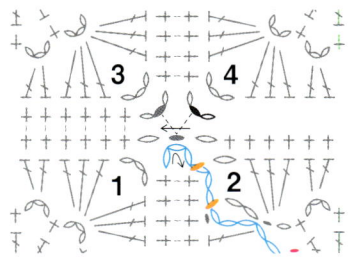

43 4번째 장도 3번째 장과 같은 위치에 바늘을 넣고, 빼뜨기를 뜹니다.

44 4번째 장의 모서리도 연결되었습니다.

● 뜨개 끝 뜨는 법

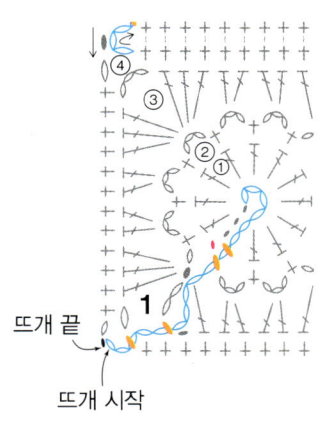

뜨개 끝

뜨개 시작

45 마지막은 미완성의 모티브를 완성시키면서 뜨개 시작 위치까지 4번째 단을 뜹니다.

46 뜨개 시작의 연속 사슬 1번째 코에 바늘을 넣고, 실을 걸어

47 빼뜨기로 연결합니다. 뜨개 끝은 실을 자르고, 바늘에 걸어서 실을 뺍니다.

48 no.12의 연속 모티브가 완성되었습니다. 실 끝은 겉쪽에서 드러나지 않게 모티브의 뒷면에서 뜨개 코로 통과시켜 정리합니다.

뜨개 끝 연결하는 법(돗바늘을 사용하는 방법)
뜨개 끝의 빼뜨기 대신 돗바늘로 마무리하는 방법입니다. 뜨개 끝부분을 더 깔끔하게 완성할 수 있습니다.

1 마지막 사슬을 뜨기 전에 실 끝을 10㎝ 정도 남겨 자르고, 당겨 뺀 다음 돗바늘에 끼웁니다. 뜨개 시작의 1번째 사슬코의 실 2가닥에 바늘을 넣고,

2 화살표와 같이 이전 코로 되돌아옵니다. 코의 중심에 돗바늘을 넣고, 사슬 반 코와 다리의 실 2가닥을 줍습니다.

3 사슬 1코의 크기가 되도록 실을 당깁니다. 뜨개 시작과 끝이 자연스럽게 연결됩니다.

One Point Lesson
원 포인트 레슨

no.12 모티브에서 사용하지 않은 연결 방법, 기호의 뜨는 법을 포인트 레슨으로 설명합니다.

● 초록색의 빼뜨기 뜨는 법
(연속 사슬을 넘어가는 빼뜨기가 구슬뜨기의 머리가 된다)
(no.10의 연속 모티브)

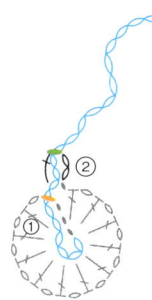

1 2번째 단. 사슬 2코를 뜹니다.

2 지정된 사슬에 바늘을 넣고, 뜨고 있는 실을 밑으로 통과시킵니다.

3 실을 걸고 연속 사슬의 아래 공간을 다발로 주워, 미완성의 한길 긴뜨기를 뜹니다.

4 다시 실을 걸고, 바늘에 걸려 있는 고리를 전부 뺍니다.

5 연속 사슬, 1에서 뜬 사슬 2코와 합쳐 구슬뜨기가 1코 떠졌습니다.

● Y자 뜨기의 뜨는 법
(no.41의 연속 모티브)

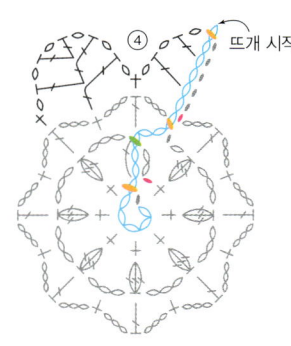

1 연속 사슬에 뜰 때는 화살표와 같이 사슬의 중심에 바늘을 넣어 실 2가닥을 줍고,

2 한길 긴뜨기를 뜨고 계속 기호 도안을 따라 뜹니다.

3 꽃잎의 2번째 장입니다. 사슬 1코를 뜨고, 실을 2번 감아 짧은뜨기의 머리에 두길 긴뜨기를 뜹니다.

4 다시 사슬 1코를 뜬 다음 실을 2번 감고 화살표와 같이 3에서 뜬 두길 긴뜨기의 다리 실 2가닥에 바늘을 넣고,

5 실을 걸어 뺍니다. 다시 실을 걸고 고리를 2개씩 뺍니다.

6 두길 긴뜨기를 떴습니다. 사슬 1코를 뜨고, 실을 걸어 두길 긴뜨기의 다리 실 2가닥을 주워서

7 한길 긴뜨기, 사슬 1코를 뜹니다. 계속 기호 도안을 따라 뜹니다.

사슬 1코

8 2번째 장의 꽃잎이 완성되었습니다.

● **구슬뜨기끼리 연결하는 방법**　※한길 긴뜨기끼리 연결할 때도 같은 방법으로 잇습니다.
(no.1의 연속 모티브)

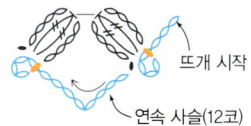

뜨개 시작

연속 사슬(12코)

1 2번째 장의 구슬뜨기를 뜬 다음 잠시 바늘에서 코를 뺍니다. 1번째 장의 연결할 구슬뜨기의 머리에 바늘을 넣어

2 빼두었던 코를 당겨서 빼고, 2번째 장을 기호 도안대로 뜹니다.

3 구슬뜨기의 머리가 연결되었습니다.

● **파란색의 빼뜨기의 뜨는 법**
(연속 사슬에서 이어지는 첫 짧은뜨기에 뜨는 빼뜨기)
(no.40의 연속 모티브)

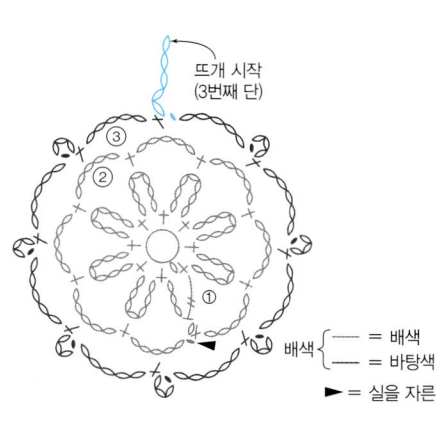

뜨개 시작
(3번째 단)

③
②
①

배색 ┤ ── = 배색
　　　└ ── = 바탕색
▶ = 실을 자른다

1 3번째 단의 마지막 사슬 5코를 뜨고, 연속 사슬에서 이어지는 첫 번째 짧은뜨기의 다리 실 1가닥과 뒤에 걸려 있는 실 1가닥에 바늘을 넣어

2 빼뜨기(●)를 뜹니다.

3 짧은뜨기의 오른쪽에 빼뜨기가 떠졌습니다.

헥사곤 모티브 가방 ··· 4쪽

[재료]
하마나카 아프리코 미색 (1) 130g

[도구]
코바늘 4/0호, 10/0호

[완성 크기]
너비 18cm, 깊이 15.75cm(손잡이 제외), 바닥 폭 17.5cm

[게이지]
모티브 1장 크기 6cm×7cm

POINT
no.60 연속 모티브의 기호 도안을 사용해 뜹니다. 사슬뜨기 기초코를 만들어 뜨개를 시작합니다. 뜨개 진행 방향과 잇는 위치에 주의하면서 도안을 참조해 1~37의 번호순으로 뜨면서 연결합니다. 손잡이를 만들어 지정 위치에 꿰매어 붙입니다.

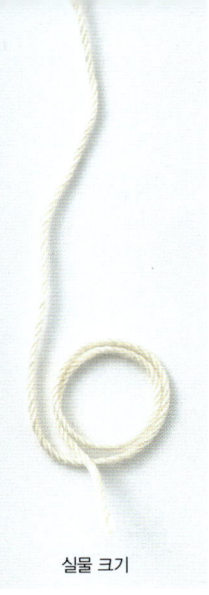

실물 크기

● = 뜨는 법은 91쪽

= 한길 긴 뒤걸어뜨기를 뜬 다음 바늘에서 코를 빼고, 연결할 쪽의 한길 긴뜨기의 머리에 위에서부터 바늘을 넣어 빼두었던 코를 당겨서 뺀다.
뜨는 법은 93쪽

= 한길 긴 뒤걸어뜨기
뜨는 법은 110쪽

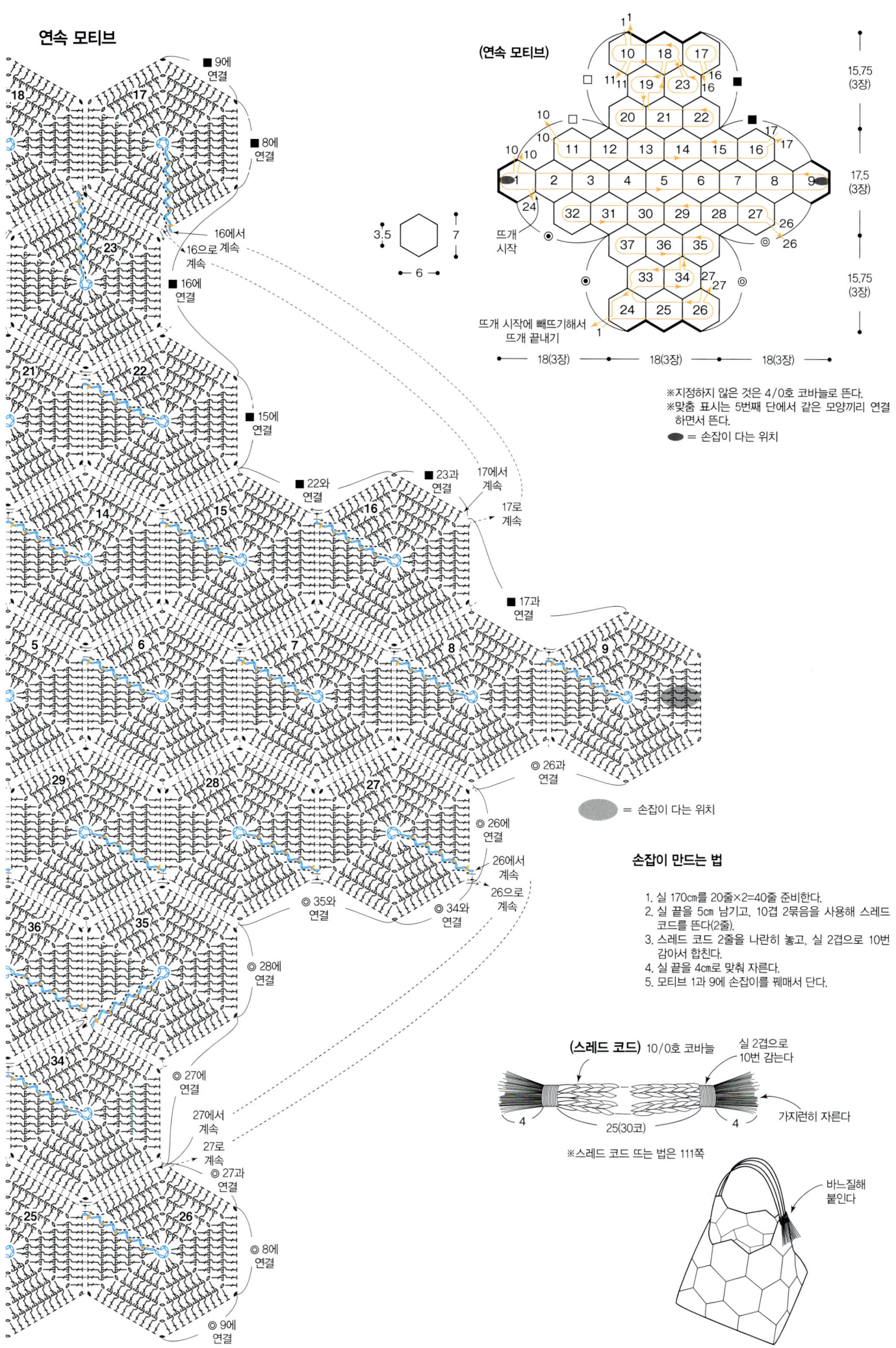

연속 모티브

(연속 모티브)

※지정하지 않은 것은 4/0호 코바늘로 뜬다.
※맞춤 표시는 5번째 단에서 같은 모양끼리 연결
　하면서 뜬다.
● = 손잡이 다는 위치

15.75 (3장)
17.5 (3장)
15.75 (3장)

18(3장)　18(3장)　18(3장)

뜨개 시작
뜨개 시작에 빼뜨기해서
뜨개 끝내기

= 손잡이 다는 위치

손잡이 만드는 법

1. 실 170㎝를 20줄×2=40줄 준비한다.
2. 실 끝을 5㎝ 남기고, 10겹 2묶음을 사용해 스레드
　코드를 뜬다(2줄).
3. 스레드 코드 2줄을 나란히 놓고, 실 2겹으로 10번
　감아서 합친다.
4. 실 끝을 4㎝로 맞춰 자른다.
5. 모티브 1과 9에 손잡이를 꿰매서 단다.

(스레드 코드) 10/0호 코바늘　　실 2겹으로 10번 감는다
가지런히 자른다
25(30코)

※스레드 코드 뜨는 법은 111쪽

바느질해 붙인다

99

크로스 숄더백 ··· 5쪽

[재료]
하마나카 아마실 '리넨' 30 짙은 갈색 (111) 255g

[도구]
코바늘 3/0호

[완성 크기]
너비 22㎝, 깊이 27.5㎝(손잡이 제외), 바닥 폭 5.5㎝

[게이지]
모티브 1장 크기 5.5㎝×5.5㎝

POINT
no.12 연속 모티브의 기호 도안을 사용해 뜹니다. 사슬뜨기 기초코를 만들어 뜨개를 시작합니다. 그림을 참조해 1~54의 번호순으로 뜨면서 연결합니다. 손잡이는 모티브에서 코를 주워 한길 긴뜨기로 뜨고, 가장 마지막 단을 뜨면서 모티브와 연결해 뜨개를 끝냅니다.

실물 크기

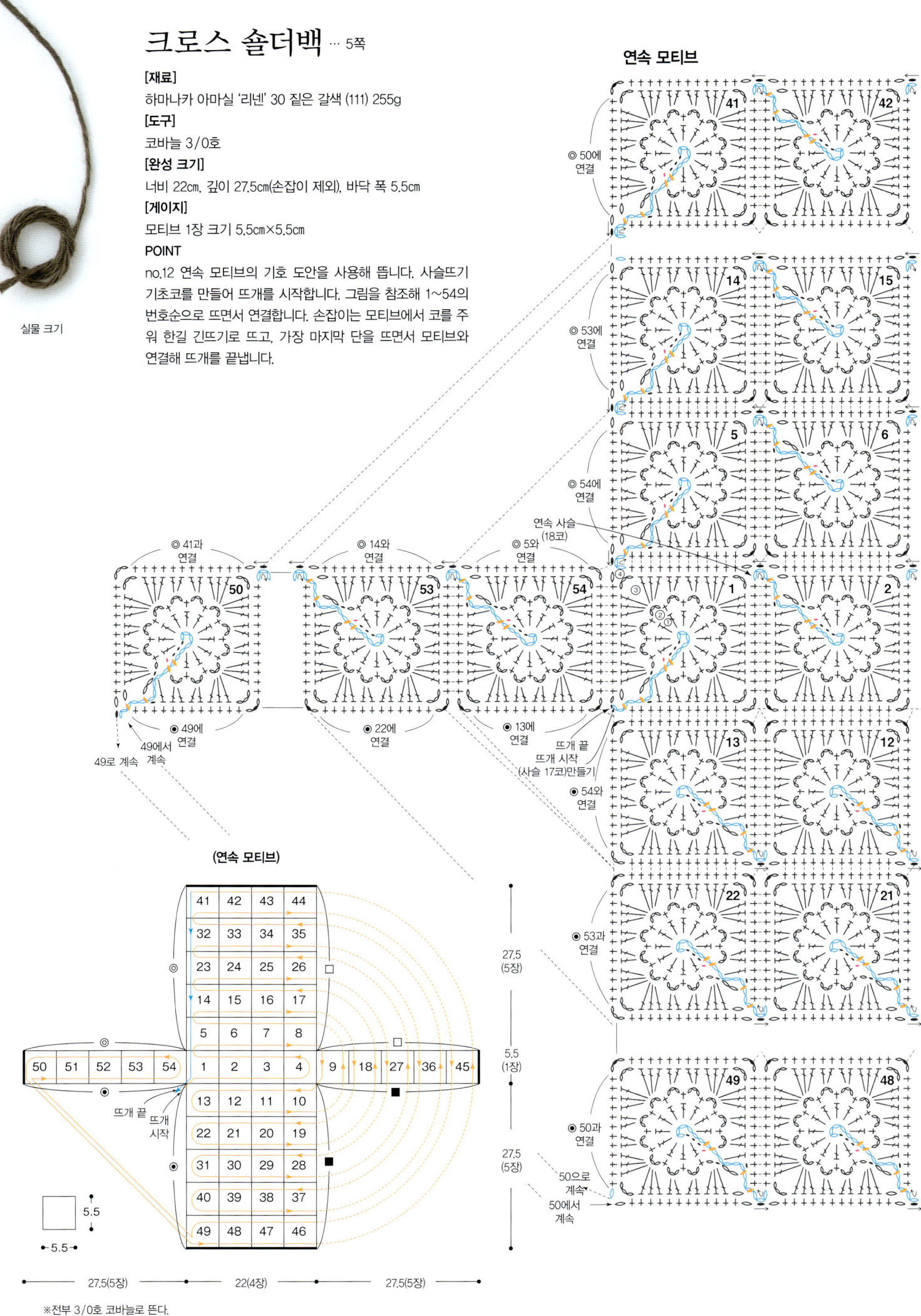

연속 모티브

(연속 모티브)

41	42	43	44
32	33	34	35
23	24	25	26
14	15	16	17
5	6	7	8

| 50 | 51 | 52 | 53 | 54 | 1 | 2 | 3 | 4 | 9 | 18 | 27 | 36 | 45 |

13	12	11	10
22	21	20	19
31	30	29	28
40	39	38	37
49	48	47	46

뜨개 끝 뜨개 시작

5.5

5.5

27.5(5장) 22(4장) 27.5(5장)

27.5(5장)
5.5(1장)
27.5(5장)

※전부 3/0호 코바늘로 뜬다.
※맞춤 표시는 5번째 단에서 같은 모양끼리 연결하면서 뜬다.

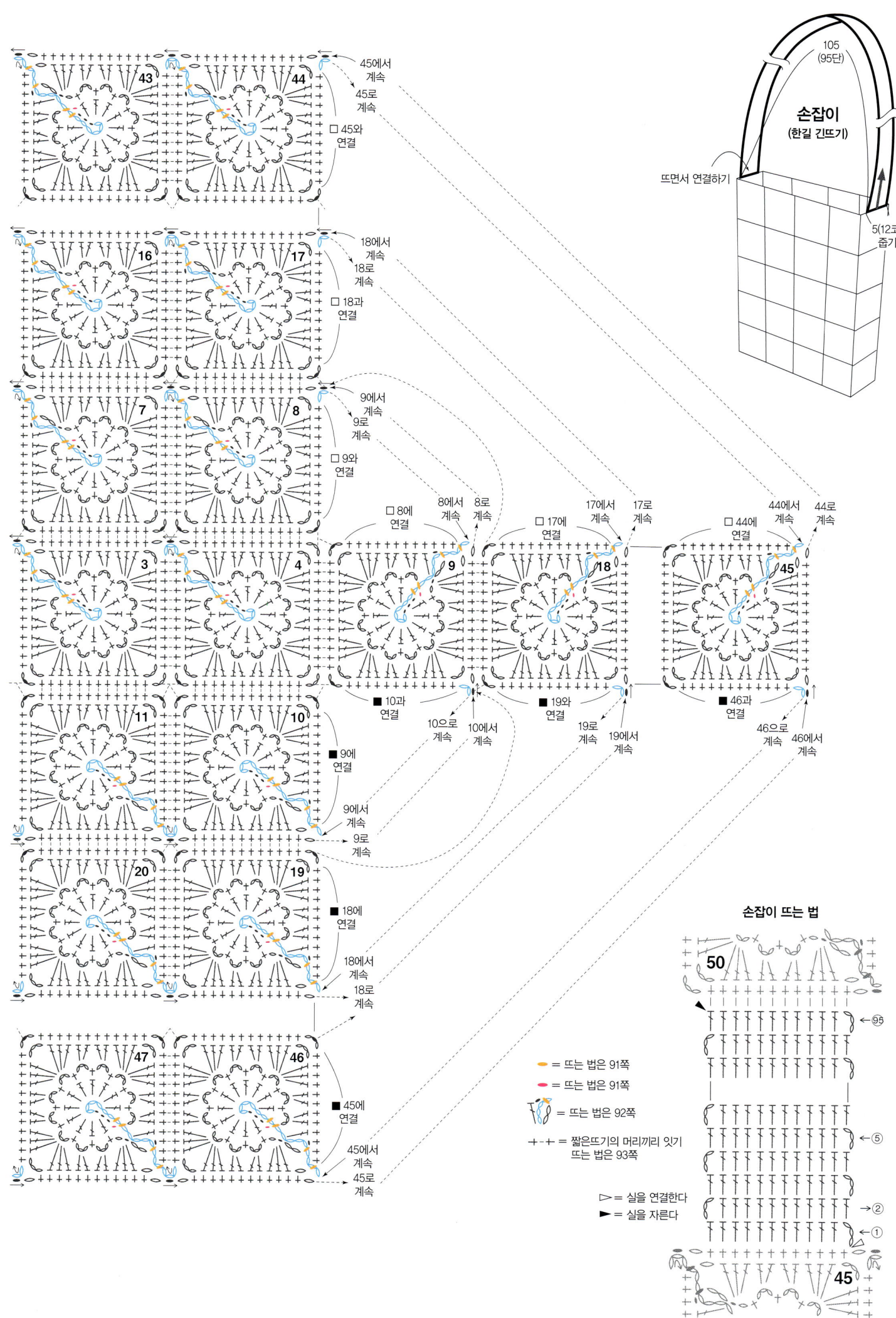

105
(95단)

손잡이
(한길 긴뜨기)

뜨면서 연결하기

5(12코)
줍기

45에서
계속
45로
계속

□ 45와
연결

43

44

18에서
계속
18로
계속

□ 18과
연결

16

17

9에서
계속
9로
계속

□ 9와
연결

7

8

□ 8에
연결

8에서
계속

8로
계속

□ 17에
연결

17에서
계속

17로
계속

□ 44에
연결

44에서
계속

44로
계속

3

4

9

18

45

■ 10과
연결

10으로
계속

10에서
계속

■ 19와
연결

19로
계속

19에서
계속

■ 46과
연결

46으로
계속

46에서
계속

11

10

■ 9에
연결

9에서
계속
9로
계속

20

19

■ 18에
연결

18에서
계속
18로
계속

47

46

■ 45에
연결

45에서
계속
45로
계속

손잡이 뜨는 법

50

95

⑤

②

①

45

= 뜨는 법은 91쪽

= 뜨는 법은 91쪽

= 뜨는 법은 92쪽

+-+ = 짧은뜨기의 머리끼리 잇기
뜨는 법은 93쪽

▷ = 실을 연결한다

► = 실을 자른다

실물 크기

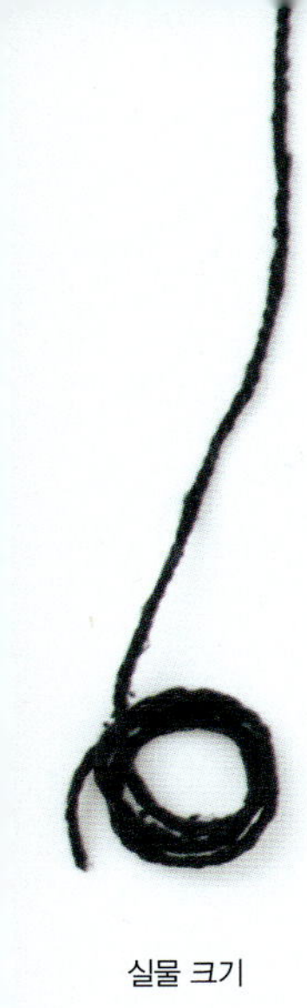

실크 숄 ··· 6쪽

[재료]
데오리야 오리지널 M 실크 검은색 (33) 190g

[도구]
코바늘 3/0호

[완성 크기]
너비 40㎝, 길이 150㎝

[게이지]
모티브 1장 크기 5㎝×5.5㎝

POINT
no.53 연속 모티브의 기호 도안을 사용해 뜹니다. 사슬뜨기 기초코를 만들어 뜨개를 시작합니다. 그림을 참조하면서 가로로 8장 연결하는 줄과 7장 연결하는 줄을 번갈아 반복해, 세로로 33장을 이어서 뜹니다.

5.5
5

※전부 3/0호 코바늘로 뜬다

(연속 모티브)
150
(33장)
뜨개 끝
뜨개 시작
40(8장)

연속 모티브

241
242
247
248
234
235
240
16
17
22
23
9
10
15
1
2
7
8
뜨개 끝
뜨개 시작
(사슬 14코)만들기
연속 사슬
(14코)

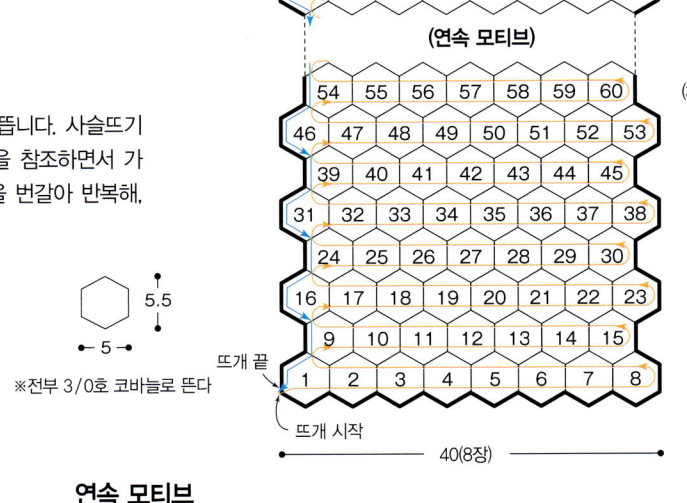

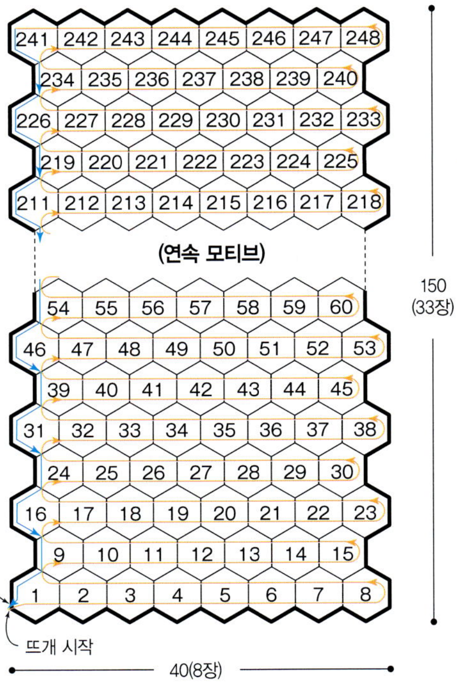

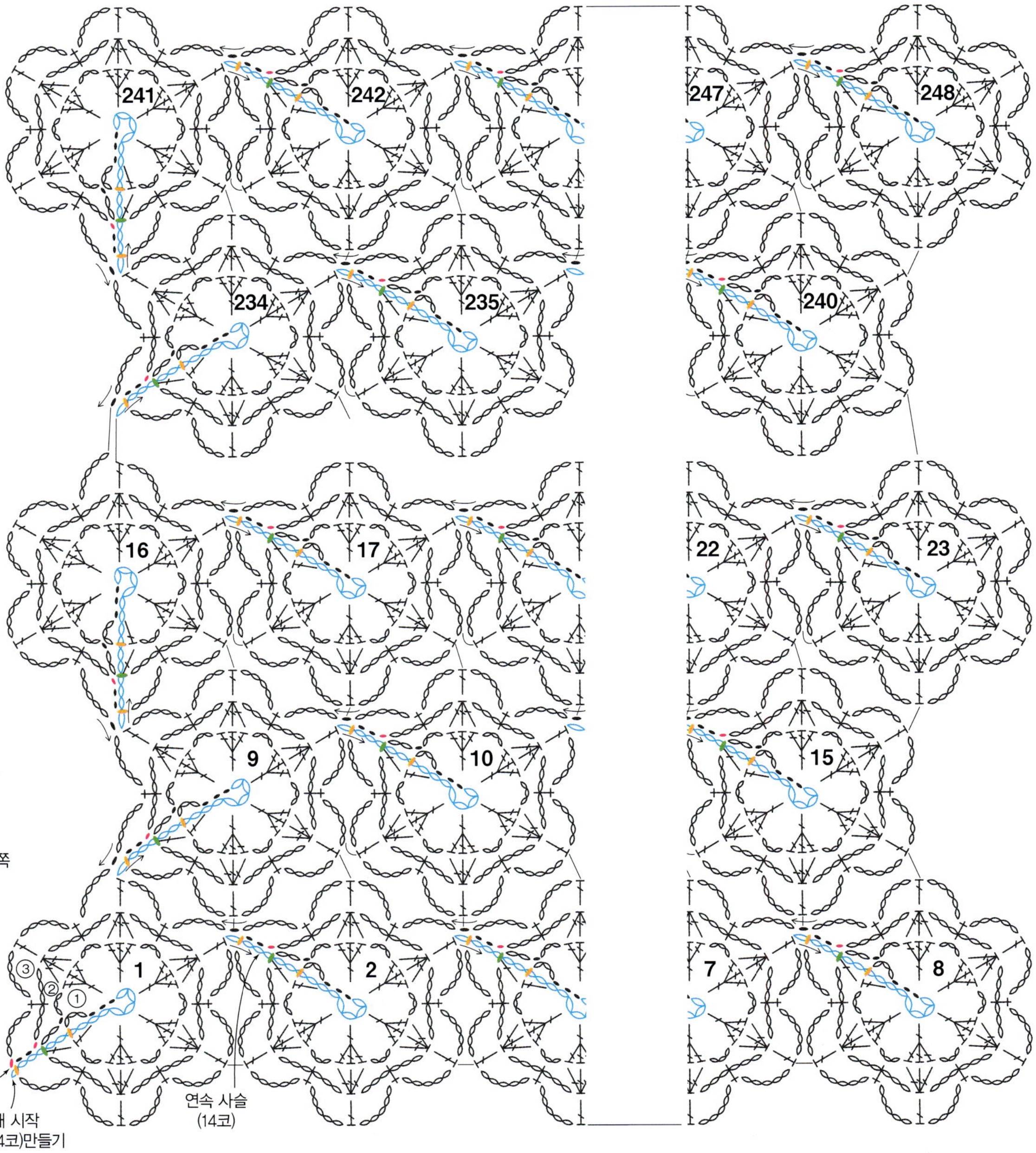

= 뜨는 법은 91쪽
= 뜨는 법은 96쪽
= 뜨는 법은 91쪽
= Y자 뜨기
뜨는 법은 96쪽

※3번째 단의 짧은뜨기는 전단을 감싸면서 전 전단에 뜬다.

= 한길 긴뜨기를 뜬 다음 바늘에서 코를 빼고, 연결할 쪽의 한길 긴뜨기의 머리에 위에서부터 바늘을 넣어 빼두었던 코를 당겨서 뺀다.
뜨는 법은 97쪽

사다리꼴 숄 ··· 7쪽

[재료]
퍼피 퍼피 뉴 3PLY 황록색 (369) 110g

[도구]
코바늘 4/0호

[완성 크기]
너비 45cm, 길이 142.5cm

[게이지]
모티브 지름 7.5cm

POINT
no.46 연속 모티브의 기호 도안을 사용해 뜹니다. 사슬뜨기 기초코를 만들어 뜨개를 시작합니다. 가로로 19장을 연결하고, 양쪽에서 1장씩 줄이면서 세로줄을 6장 이어서 뜹니다.

실물 크기

※전부 4/0호 코바늘로 뜬다

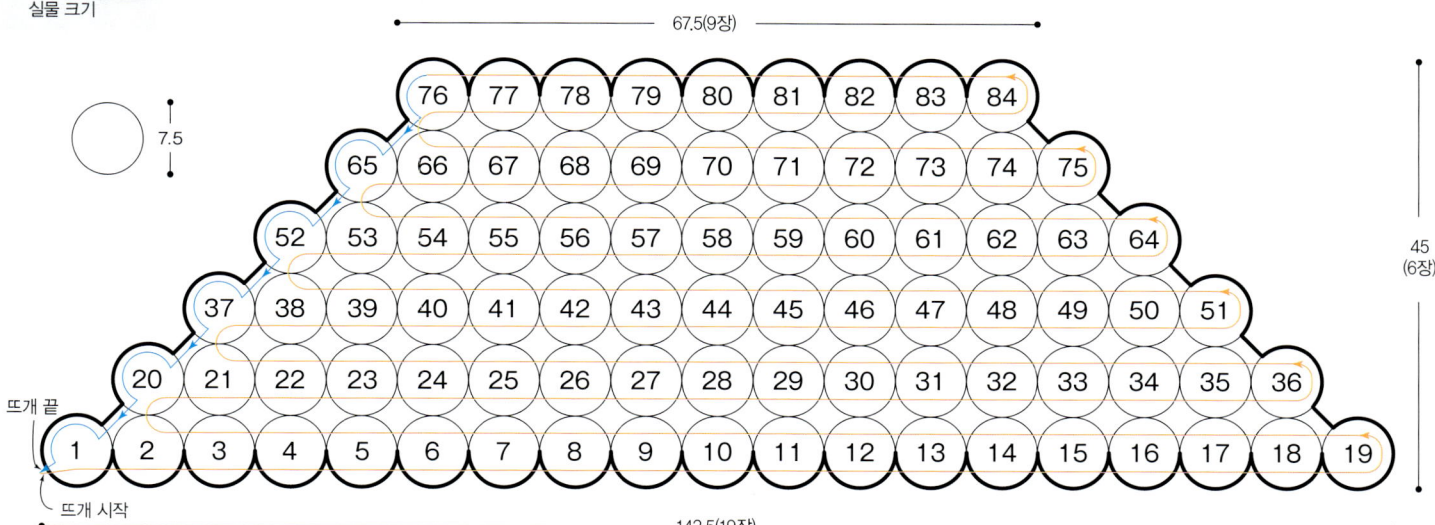

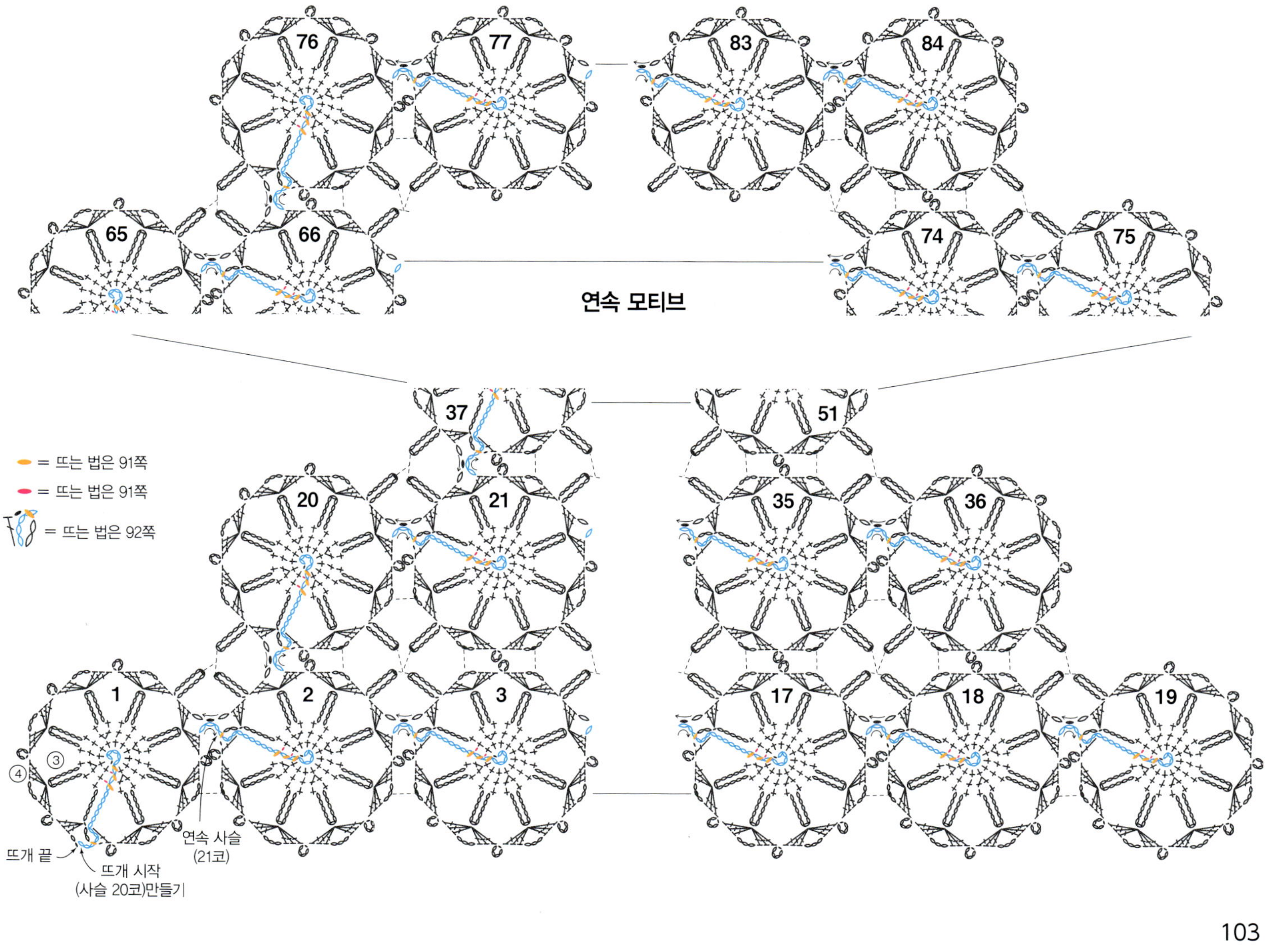

(연속 모티브)

67.5(9장)

7.5

45(6장)

76	77	78	79	80	81	82	83	84
65	66	67	68	69	70	71	72	73	74	75
52	53	54	55	56	57	58	59	60	61	62	63	64
37	38	39	40	41	42	43	44	45	46	47	48	49	50	51
20	21	22	23	24	25	26	27	28	29	30	31	32	33	34	35	36
1	2	3	4	5	6	7	8	9	10	11	12	13	14	15	16	17	18	19

뜨개 끝

뜨개 시작

142.5(19장)

연속 모티브

= 뜨는 법은 91쪽
= 뜨는 법은 91쪽
= 뜨는 법은 92쪽

뜨개 끝
뜨개 시작
(사슬 20코)만들기
연속 사슬
(21코)

실물 크기

나팔꽃과 해바라기 풀오버 … 9쪽

[재료]
하마나카 순모중세 실의 색 번호·색 이름·사용량은 도안에 있는 표를 참조해주세요.

[도구]
코바늘 3/0호

[완성 크기]
가슴둘레 96㎝, 옷기장 49㎝, 화장길이 61㎝

[게이지]
모티브 1장 크기 6㎝×6㎝

POINT
no.25 연속 모티브의 기호 도안을 사용해 뜨는데, 배색의 단수는 변경했습니다. 모티브는 중심 부분 ①~④번째 단을 먼저 떠둡니다. 모티브 배색에 주의하면서 그림을 참조해 ⑤번째 단에서 연속해서 뜹니다. 아랫단, 소맷부리, 목둘레는 가장자리뜨기 1단을 떠서 마무리합니다.

실의 사용량

색	사용량
회색 (27)	105g
갈색 (4)	45g
노란색 (33)	45g
하늘색 (34)	45g
녹청색 (39)	45g
고동색 (5)	25g
진회색 (28)	25g
남색 (19)	25g
회청색 (48)	25g

모티브의 배색과 장수

구분	1·2번째 단	3·4번째 단	장수
A	회청색	하늘색	48장
B	고동색	노란색	49장
C	남색	녹청색	49장
D	진회색	갈색	48장

※5번째 단은 회색으로 연속해서 뜬다.

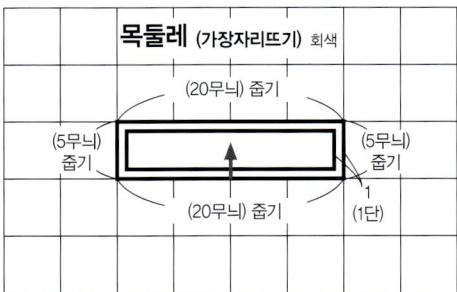

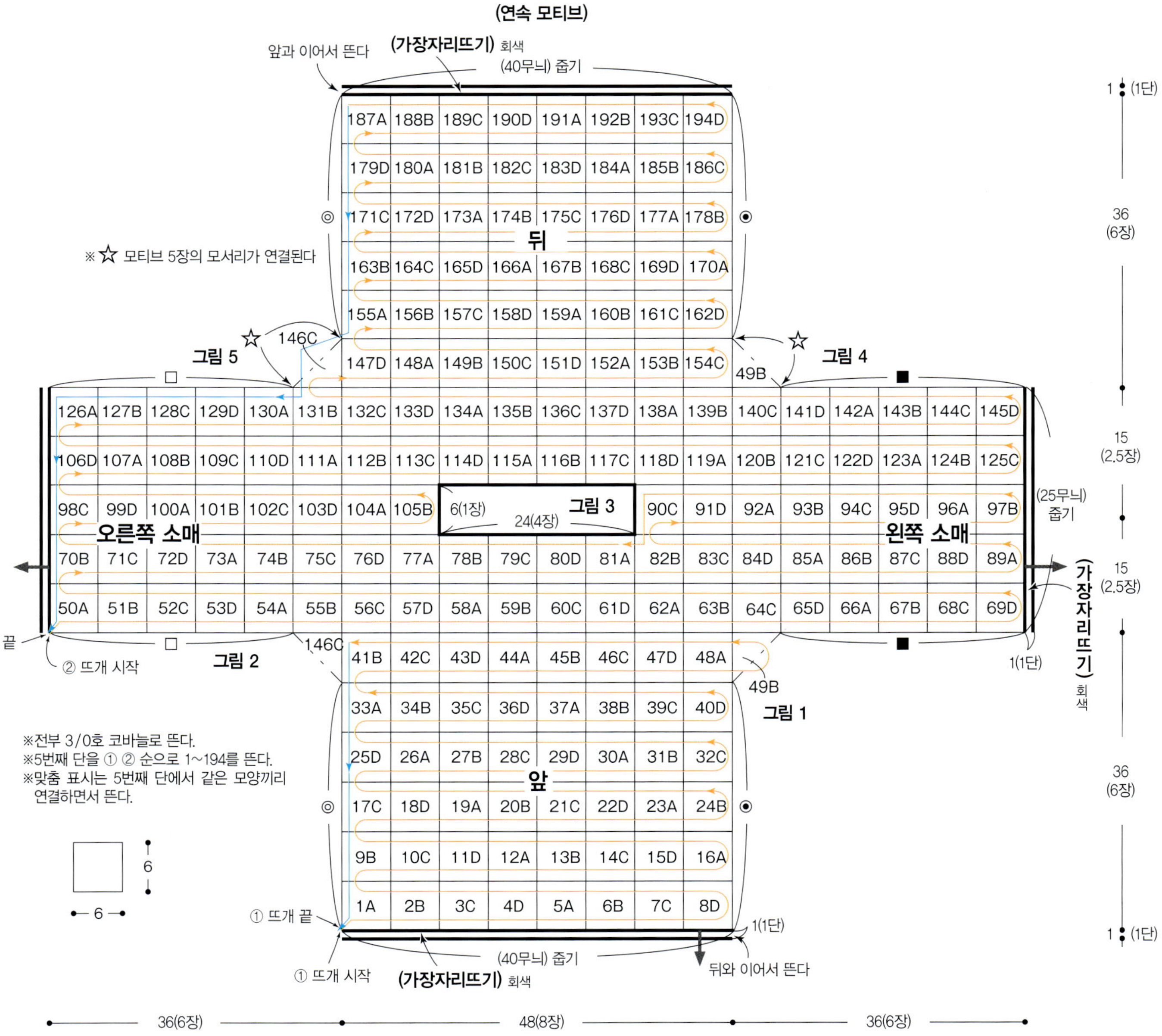

목둘레 (가장자리뜨기) 회색
(20무늬) 줄기
(5무늬) 줄기   (5무늬) 줄기
(20무늬) 줄기   1 (1단)

(연속 모티브)
앞과 이어서 뜬다
(가장자리뜨기) 회색
(40무늬) 줄기

1 ● (1단)

187A	188B	189C	190D	191A	192B	193C	194D
179D	180A	181B	182C	183D	184A	185B	186C
171C	172D	173A	174B	175C	176D	177A	178B

뒤

163B	164C	165D	166A	167B	168C	169D	170A
155A	156B	157C	158D	159A	160B	161C	162D
147D	148A	149B	150C	151D	152A	153B	154C

36 (6장)

※ ☆ 모티브 5장의 모서리가 연결된다

☆ 146C   49B   ☆ 그림 4
그림 5

126A	127B	128C	129D	130A	131B	132C	133D	134A	135B	136C	137D	138A	139B	140C	141D	142A	143B	144C	145D
106D	107A	108B	109C	110D	111A	112B	113C	114D	115A	116B	117C	118D	119A	120B	121C	122D	123A	124B	125C
98C	99D	100A	101B	102C	103D	104A	105B			90C	91D	92A	93B	94C	95D	96A	97B

6(1장)
24(4장) **그림 3**

(25무늬) 줄기

15 (2.5장)

오른쪽 소매   **왼쪽 소매**

| 70B | 71C | 72D | 73A | 74B | 75C | 76D | 77A | 78B | 79C | 80D | 81A | 82B | 83C | 84D | 85A | 86B | 87C | 88D | 89A |
| 50A | 51B | 52C | 53D | 54A | 55B | 56C | 57D | 58A | 59B | 60C | 61D | 62A | 63B | 64C | 65D | 66A | 67B | 68C | 69D |

(가장자리뜨기) 회색

15 (2.5장)

② 뜨개 끝
② 뜨개 시작
그림 2   146C   1(1단)

41B	42C	43D	44A	45B	46C	47D	48A
33A	34B	35C	36D	37A	38B	39C	40D
25D	26A	27B	28C	29D	30A	31B	32C

49B   **그림 1**

앞

17C	18D	19A	20B	21C	22D	23A	24B
9B	10C	11D	12A	13B	14C	15D	16A
1A	2B	3C	4D	5A	6B	7C	8D

36 (6장)

※전부 3/0호 코바늘로 뜬다.
※5번째 단은 ① ② 순으로 1~194를 뜬다.
※맞춤 표시는 5번째 단에서 같은 모양끼리 연결하면서 뜬다.

6
← 6 →

① 뜨개 끝
① 뜨개 시작
(가장자리뜨기) 회색
(40무늬) 줄기
1(1단)
뒤와 이어서 뜬다

1 ● (1단)

←── 36(6장) ──→   ←── 48(8장) ──→   ←── 36(6장) ──→

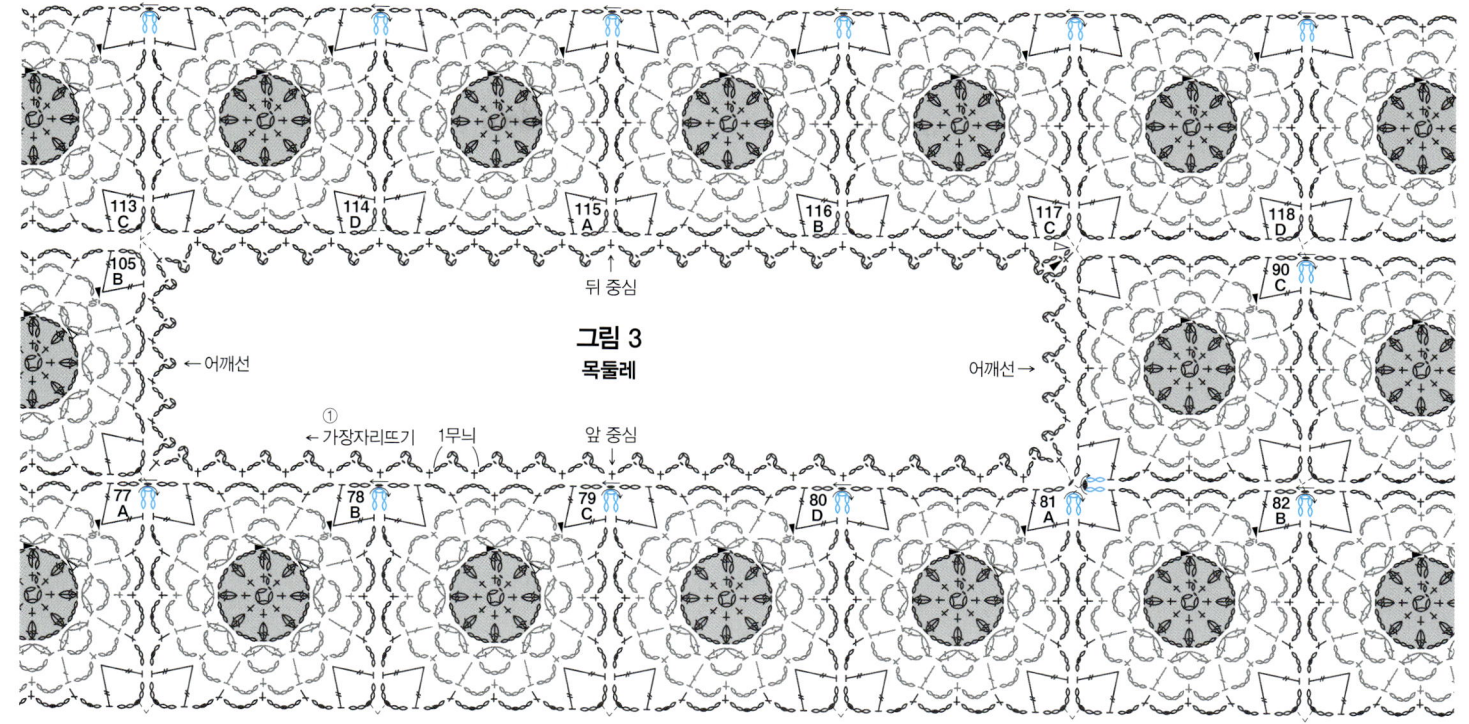

연속 모티브

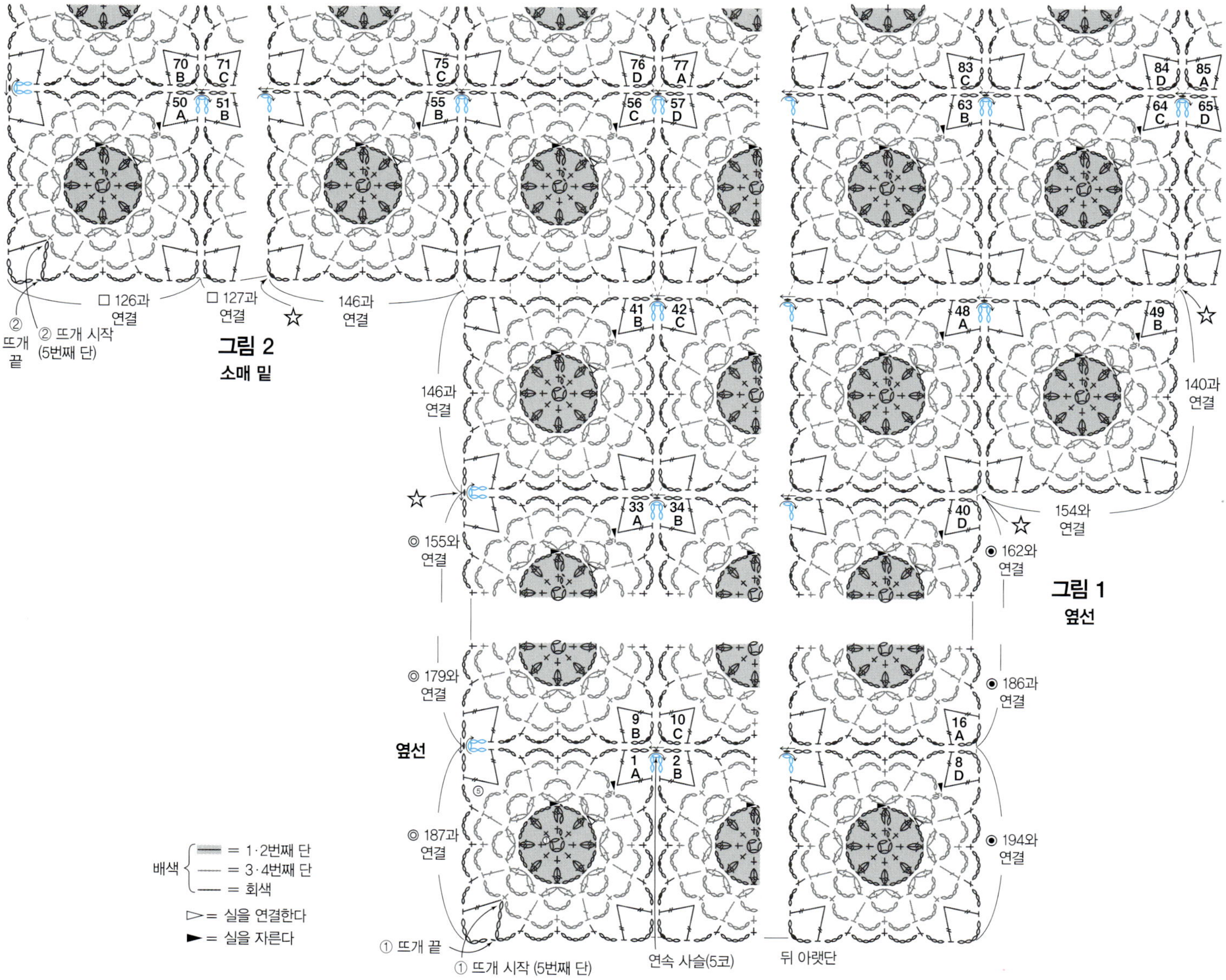

그림 3
목둘레

뒤 중심

← 어깨선   어깨선 →

①
← 가장자리뜨기   1무늬   앞 중심

그림 2
소매 밑

② 뜨개 끝

② 뜨개 시작
(5번째 단)

☐ 126과 연결
☐ 127과 연결
146과 연결

146과 연결

☆ 155와 연결

☆ 179와 연결

옆선

☆ 187과 연결

① 뜨개 끝

① 뜨개 시작 (5번째 단)

연속 사슬(5코)

뒤 아랫단

146과 연결

154와 연결

그림 1
옆선

◉ 162와 연결

◉ 186과 연결

140과 연결

◉ 194와 연결

배색 {
= 1·2번째 단
= 3·4번째 단
= 회색
}

▷ = 실을 연결한다
► = 실을 자른다

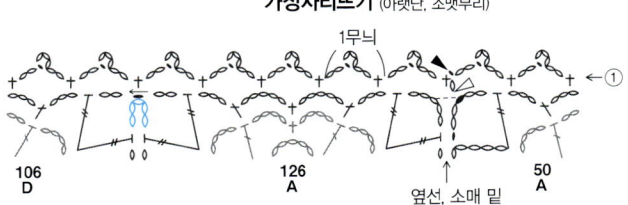

가장자리뜨기 (아랫단, 소맷부리)

1무늬

← ①

106
D

126
A

50
A

옆선, 소매 밑

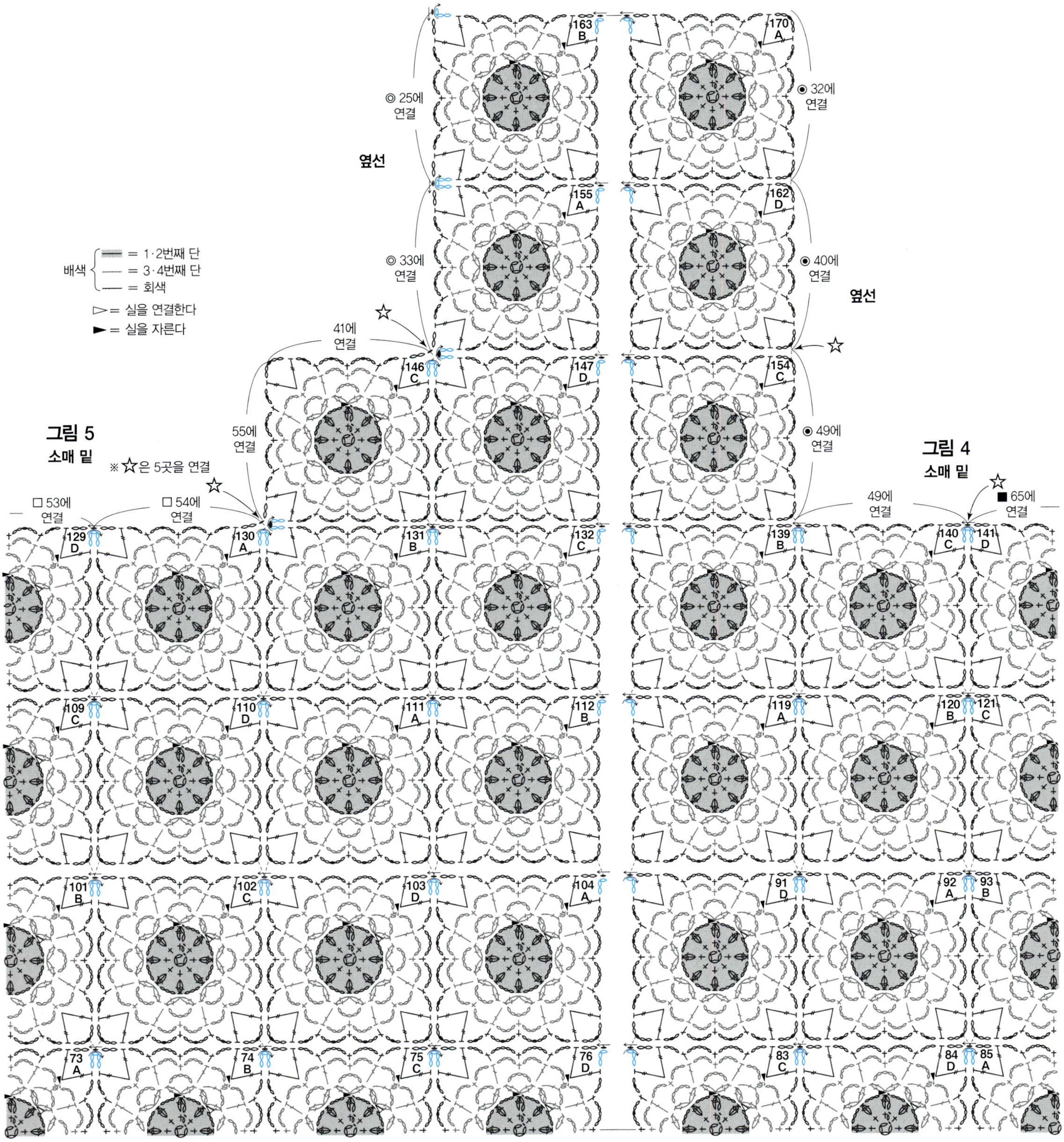

163
B

170
A

◎ 25에
연결

⊙ 32에
연결

옆선

155
A

162
D

◎ 33에
연결

⊙ 40에
연결

옆선

배색 {
= 1·2번째 단
= 3·4번째 단
= 회색
▷ = 실을 연결한다
► = 실을 자른다

41에
연결

☆

146
C

147
D

154
C

⊙ 49에
연결

55에
연결

그림 5
소매 밑

※ ☆은 5곳을 연결

☆

그림 4
소매 밑

☆

□ 53에
연결

□ 54에
연결

129
D

130
A

131
B

132
C

49에
연결

139
B

65에
연결

140
C

141
D

109
C

110
D

111
A

112
B

119
B

120
A

121
C

101
B

102
C

103
D

104
A

91
D

92
A

93
B

73
A

74
B

75
C

76
D

83
C

84
D

85
A

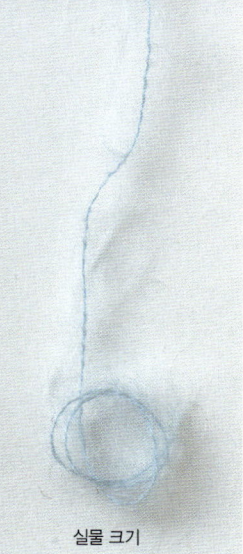

실물 크기

포근포근 모헤어 볼레로 … 8쪽

[재료]
퍼피 키드 모헤어 파인 하늘색 (25) 135g
길이 25mm 브로치 핀 1개

[도구]
코바늘 4/0호, 3/0호

[완성 크기]
가슴둘레 108cm, 길이 45.5cm, 화장길이 48cm

[게이지]
모티브 1장 크기(4/0호 코바늘) 6cm×7cm

POINT

no.57 연속 모티브의 기호 도안을 사용해 뜹니다. 1~43의 번호순으로 뒤판을 먼저 뜹니다. 왼쪽 소매의 44부터 뜨기 시작해 4번째 단에서 뒤판과 연결하면서 뜹니다. 오른쪽 앞판을 완성하고, 이어서 왼쪽 앞판을 뜹니다. 모티브 130과 175의 연결 위치는 변칙이 되므로 주의합니다. 코르사주는 모티브 2장을 뜨고, 그림을 참조해 모양을 만든 다음 브로치 핀을 붙여서 완성합니다.

(연속 모티브)

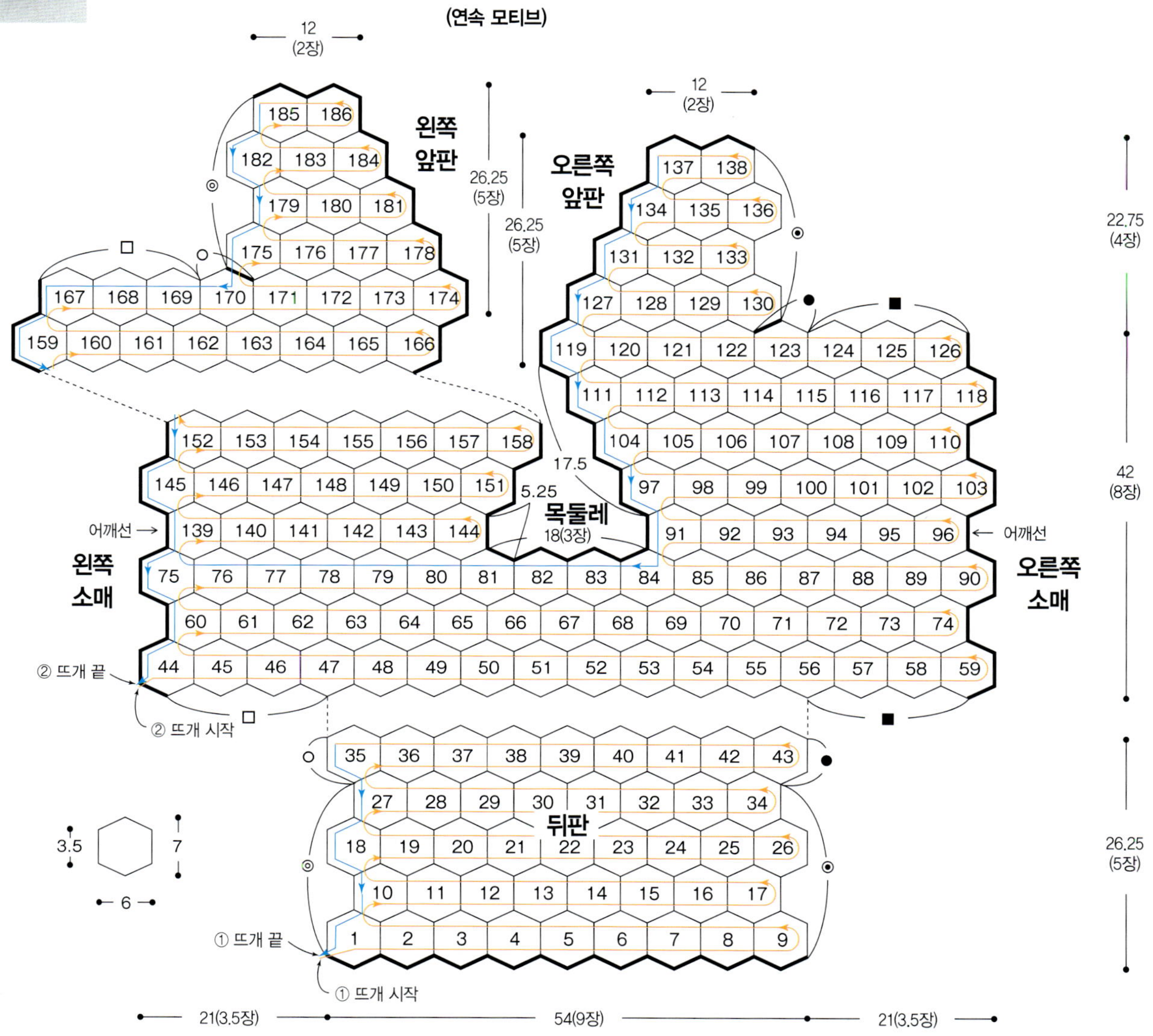

12
(2장)

185 186
182 183 184
179 180 181
175 176 177 178
167 168 169 170 171 172 173 174
159 160 161 162 163 164 165 166

왼쪽 앞판

26.25 (5장)

12
(2장)

오른쪽 앞판

137 138
134 135 136
131 132 133
127 128 129 130
119 120 121 122 123 124 125 126
111 112 113 114 115 116 117 118
104 105 106 107 108 109 110
97 98 99 100 101 102 103
91 92 93 94 95 96 ← 어깨선

22.75 (4장)

42 (8장)

152 153 154 155 156 157 158
145 146 147 148 149 150 151
어깨선 → 139 140 141 142 143 144
75 76 77 78 79 80 81 82 83 84 85 86 87 88 89 90
60 61 62 63 64 65 66 67 68 69 70 71 72 73 74
② 뜨개 끝 44 45 46 47 48 49 50 51 52 53 54 55 56 57 58 59

17.5

목둘레
5.25
18(3장)

왼쪽 소매

오른쪽 소매

② 뜨개 시작

3.5 ⬡ 7
← 6 →

35 36 37 38 39 40 41 42 43
27 28 29 30 31 32 33 34
18 19 20 21 22 23 24 25 26
10 11 12 13 14 15 16 17
① 뜨개 끝 1 2 3 4 5 6 7 8 9

뒤판

26.25 (5장)

① 뜨개 시작

21(3.5장) — 54(9장) — 21(3.5장)

※지정하지 않은 것은 4/0호 코바늘로 뜬다.
※① ② 순으로 1~186을 뜬다.
※맞춤 표시는 같은 모양끼리 연결하면서 뜬다.

코르사주 3/0호 코바늘 2장

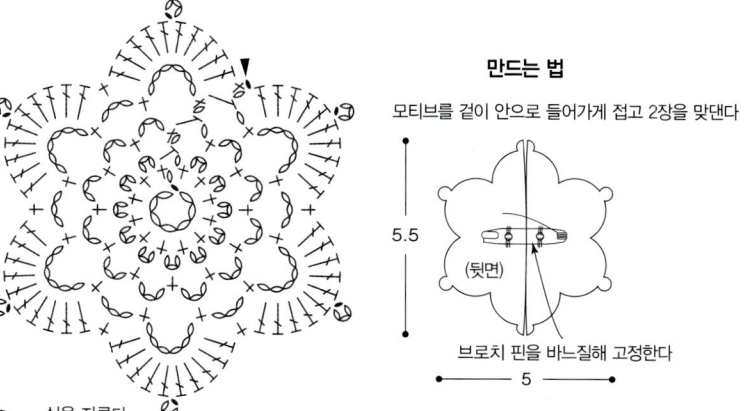

만드는 법

모티브를 겉이 안으로 들어가게 접고 2장을 맞댄다

5.5

(뒷면)

브로치 핀을 바느질해 고정한다
← 5 →

► = 실을 자른다

107

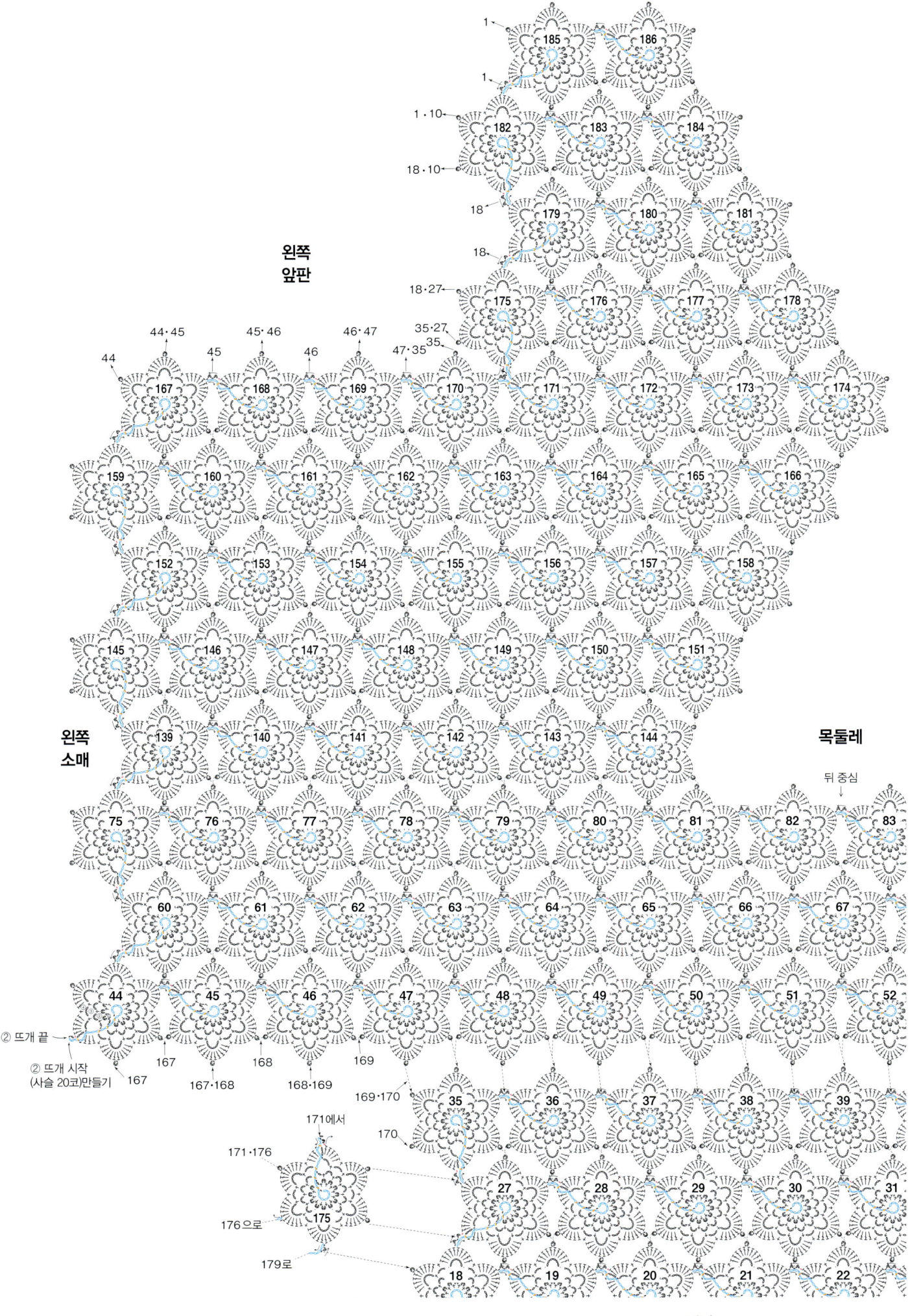

왼쪽
앞판

왼쪽
소매

목둘레

뒤 중심

② 뜨개 끝

② 뜨개 시작
(사슬 20코)만들기

171에서

171·176

176으로

179로

뒤판

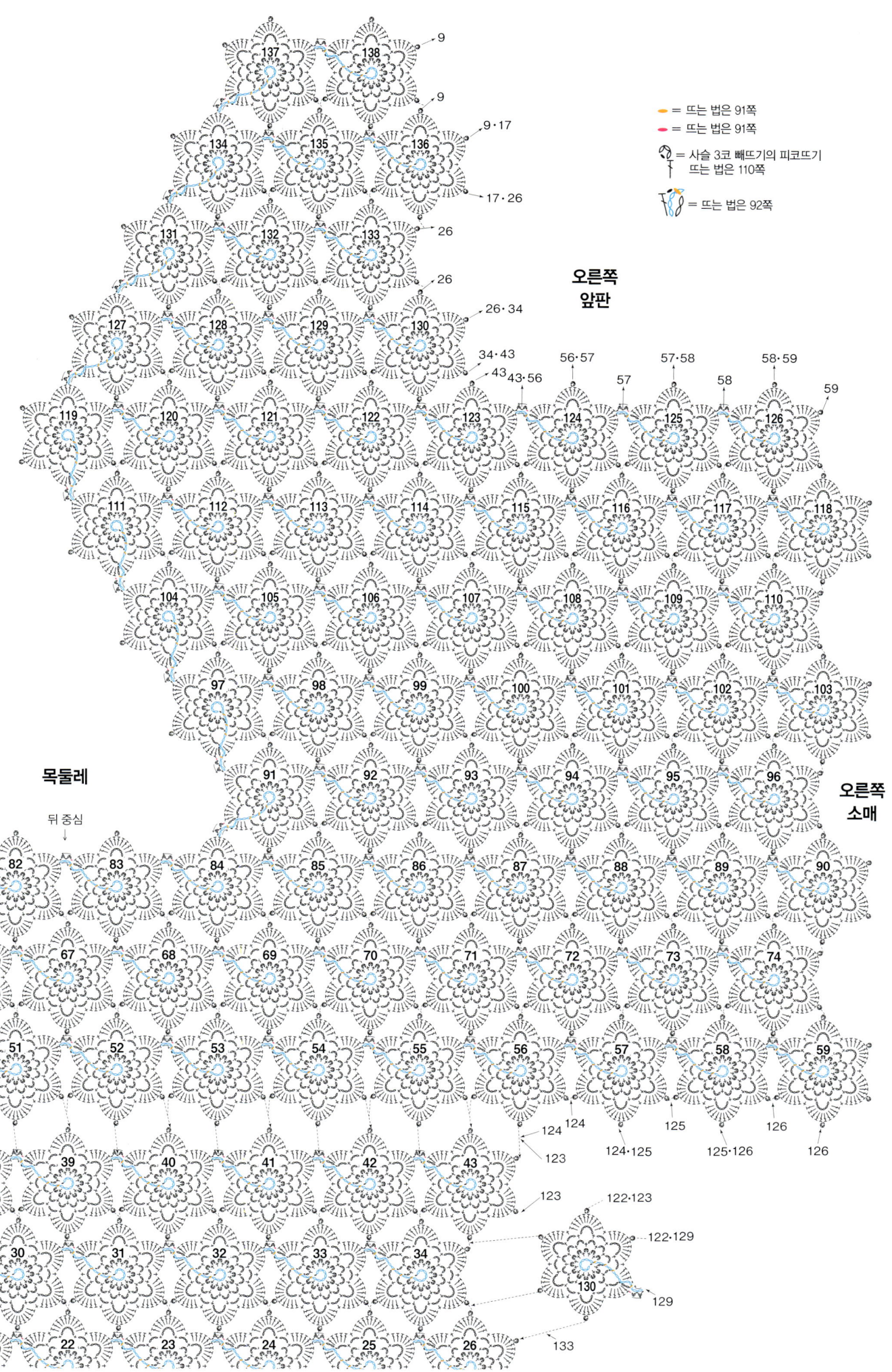

오른쪽
앞판

= 뜨는 법은 91쪽

= 뜨는 법은 91쪽

= 사슬 3코 빼뜨기의 피코뜨기
뜨는 법은 110쪽

= 뜨는 법은 92쪽

목둘레

뒤 중심

오른쪽
소매

뒤판

코바늘뜨기의 기초

손가락에 실을 감아 원을 만드는 기초코

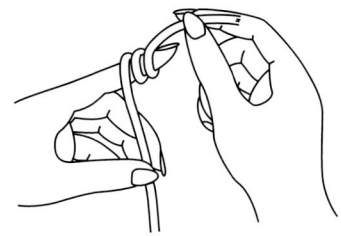

1 집게손가락에 실을 2번 감아 원을 만듭니다.

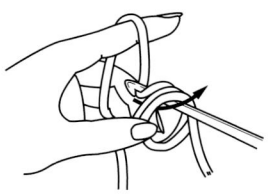

2 원 안에 바늘을 넣고, 실을 걸어 뺍니다.

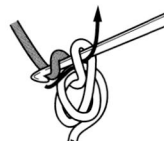

3 다시 실을 걸어서 뺍니다.

4 원형 기초코가 완성되었습니다. 이 코는 1코로 세지 않습니다.

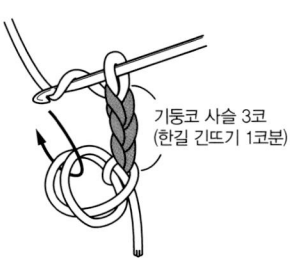

기둥코 사슬 3코
(한길 긴뜨기 1코분)

5 기둥코로 사슬 3코를 뜹니다.

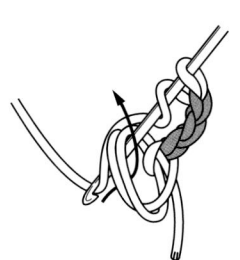

6 바늘에 실을 걸고 원에서 당겨 빼서 한길 긴뜨기를 뜹니다.

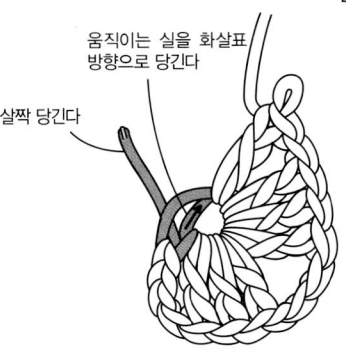

움직이는 실을 화살표 방향으로 당긴다

살짝 당긴다

7 1번째 단을 모두 떴으면 실 끝을 살짝 당겨서 움직이는 쪽의 실을 잡아당기고, 다시 실 끝을 끝까지 당겨서 조입니다.

한길 긴 앞걸어뜨기

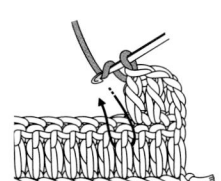

1 바늘에 실을 걸고, 전단의 한길 긴뜨기의 다리에 화살표와 같이 앞쪽에서 바늘을 넣고, 실을 당겨 뺍니다.

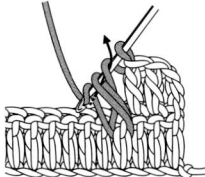

2 실을 걸어 바늘에 걸려 있는 고리 2개를 뺍니다.

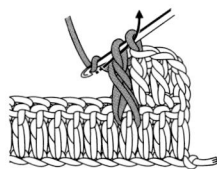

3 다시 실을 걸고 바늘에 걸려 있는 고리 2개를 뺍니다.

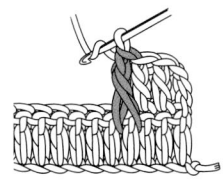

4 한길 긴 앞걸어뜨기 1코를 떴습니다.

한길 긴 뒤걸어뜨기

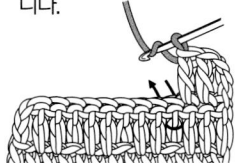

1 바늘에 실을 걸고, 전단의 한길 긴뜨기의 다리에 화살표와 같이 뒤쪽에서 바늘을 넣어 실을 당겨 뺍니다.

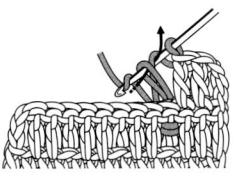

2 실을 걸어 바늘에 걸려 있는 고리 2개를 뺍니다.

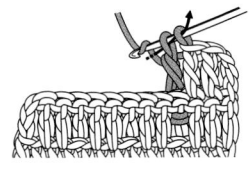

3 다시 실을 걸고 바늘에 걸려 있는 고리 2개를 뺍니다.

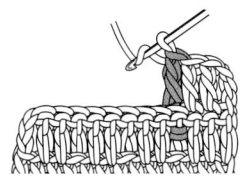

4 한길 긴 뒤걸어뜨기 1코를 떴습니다.

사슬 3코 빼뜨기의 피코뜨기

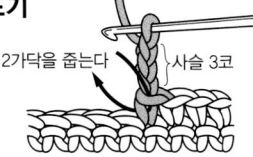

2가닥을 줍는다   사슬 3코

1 사슬을 3코 뜨고, 짧은 뜨기의 머리와 다리의 실을 1가닥씩 바늘에 겁니다.

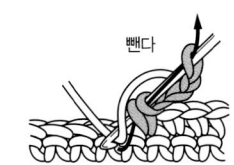

빼다

2 실을 걸어 뺍니다.

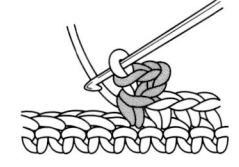

3 사슬 3코 빼뜨기의 피코뜨기가 완성되었습니다.

한길 긴 5코 팝콘뜨기
(한 코에 뜨기)

  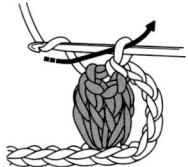

1 한 코에 한길 긴뜨기 5코를 뜬 다음 잠시 바늘을 빼서 첫 번째 한 길 긴뜨기 코의 머리의 실 2가닥과 빼두었던 고리에 바늘을 넣고,

2 빼두었던 고리를 1번째 코로 통과시켜서 뺍니다.

3 다시 사슬을 1코 떠서 조이면 한길 긴 5코 팝콘뜨기(한 코에 뜨기)의 완성입니다.

한길 긴 5코 팝콘뜨기
(다발에 뜨기)

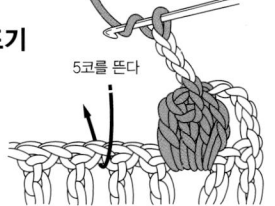  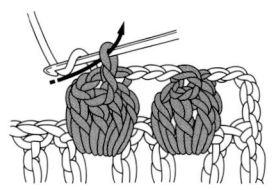 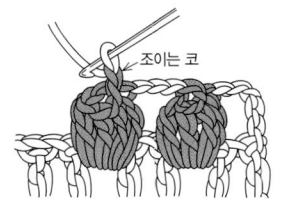

1 바늘에 실을 건 다음 화살표와 같이 바늘을 넣어 한길 긴뜨기를 5코 뜨고, 잠시 바늘을 뺍니다.

2 첫 번째 코의 머리의 실 2가닥과 빼두었던 고리에 바늘을 넣고, 빼두었던 고리를 당겨서 뺍니다.

3 사슬뜨기를 1코 떠서 조입니다.

4 팝콘뜨기(다발에 뜨기)를 2개 뜬 모습입니다.

모티브의 모서리 잇는 법

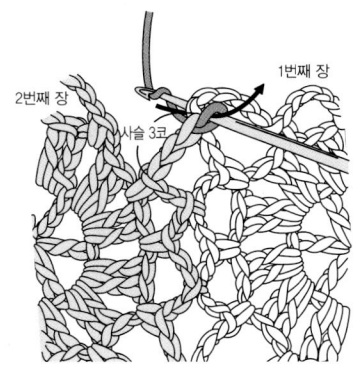 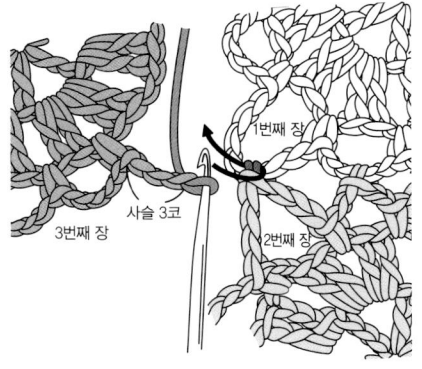 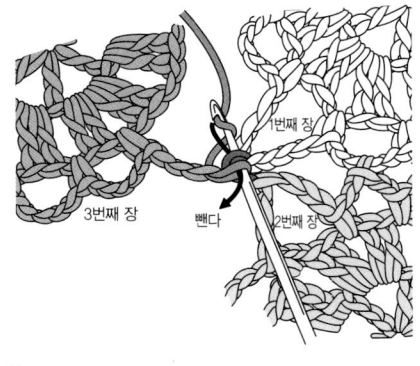

1 2번째 장의 모티브를 연결할 위치 바로 전의 사슬 3코를 뜨고, 1번째 장의 사슬뜨기 공간에 위에서 아래로 다발에 바늘을 넣어 빼뜨기합니다.

2 3번째 장의 모티브를 연결할 위치 바로 전의 사슬 3코를 뜨고, 2번째 장의 빼뜨기의 다리 실 2가닥에 위에서 바늘을 넣어

3 실을 걸어서 뺍니다. 4번째 장도 같은 곳에 빼뜨기합니다.

스레드 코드 뜨는 법

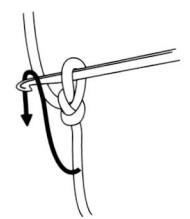 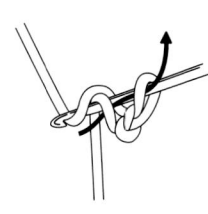 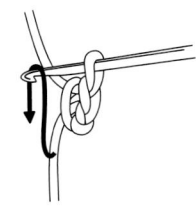 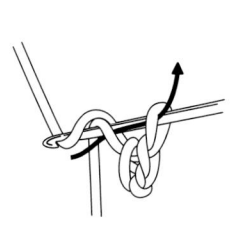 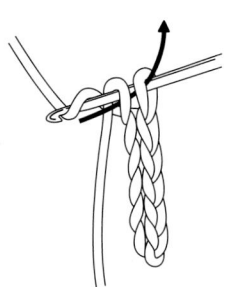

1 뜨고 싶은 길이의 3배 정도 실 끝을 남기고, 1코를 만듭니다. 실 끝을 앞에서 뒤로 코바늘에 겁니다.

2 실을 걸어, 코바늘에 건 실 끝과 고리 1개를 뺍니다.

3 실 끝을 앞에서 뒤로 코바늘에 겁니다.

4 바늘에 걸린 실 끝과 고리 1개를 뺍니다.

5 3과 4를 반복합니다. 마지막은 사슬코를 뺍니다.

사용 실 일람

사용 실	품질	형태	실 길이	실의 타입	표준 코바늘의 호수
주식회사다이도포워드 퍼피 사업부(퍼피) 도쿄도 지요다구 소토칸다 3-1-16 다이도 리미티드 빌딩 3층 www.puppyarn.com					
키드 모헤어 파인	모헤어 79%(수퍼 키드 모헤어 사용), 나일론 21%	25g 볼	약 225m	극세	0~3/0호
퍼피 뉴 3PLY	울 100% (방축 가공)	40g 볼	약 215m	합세	1/0~3/0호
하마나카주식회사 교토부 교토시 우교구 하나조노 야부노시타초 2번지 3 www.hamanaka.co.jp					
아프리코	면(초장면) 100%	30g 볼	약 120m	중세	3/0~4/0호
아마 실 '리넨' 30	리넨 100%	30g 볼	약 50m	병태	5/0호
하마나카 순모 중세	울 100%	40g 볼	약 160m	중세	3/0호
데오리야 오사카시 기타구 덴진바시 2-5-34 www.teoriya.net					
오리지널 M 실크	실크 100%	100g 타래	약 670m	합태	4/0~5/0호
타피 울(뜨개바탕)	울 100%	50g 타래	약 240m	중세	3/0~4/0호

STAFF
북디자인 데라야마 후미에
촬영 모리야 노리아키
스타일링 에나이 도모미
편집 소가 게이코, 후루야마 가오리
편집협력 마루오 도시미, 난바 마리, 구리하라 지에코, 스즈키 히로코
뜨개바탕, 작품 제작 후루야 미치코, 시다 데루미, 다노 준코, 스즈키 유코,
이마이즈미 후미코, 요시에 마미, 오카다 쇼코

"ITO WO KIRAZUNI AMERU RENZOKU MOTIF NO HON" (NV70569)
Copyright © NIHON VOGUE-SHA 2020
All rights reserved.
First published in Japan in 2020 by NIHON VOGUE Corp.
Photographer: Noriaki Moriya
This Korean edition is published by arrangement with NIHON VOGUE Corp., Tokyo
in care of Tuttle-Mori Agency, Inc., Tokyo through Botong Agency, Seoul.

실을 끊지 않는
코바늘 연속 모티브 패턴집 II

1판 1쇄 발행 | 2021년 6월 15일
1판 2쇄 발행 | 2024년 10월 8일

지은이 일본보그사 편
옮긴이 강수현
펴낸이 김기옥

실용본부장 박재성
편집 실용 2팀 이나리, 장윤선
마케터 이지수
지원 고광현, 김형식

디자인 푸른나무디자인
인쇄·제본 민언프린텍

펴낸곳 한스미디어(한즈미디어(주))
주소 121-839 서울시 마포구 양화로 11길 13(서교동, 강원빌딩 5층)
전화 02-707-0337 | 팩스 02-707-0198 | 홈페이지 www.hansmedia.com
출판신고번호 제 313-2003-227호 | 신고일자 2003년 6월 25일

ISBN 979-11-6007-697-4 13590

책값은 뒤표지에 있습니다.
잘못 만들어진 책은 구입하신 서점에서 교환해 드립니다.